POEMAS

BAJO EL PATROCINIO DE

SARAH GIRRI
Y JORGE GALLARDO

BUENOS AIRES

Robert Graves

POEMAS

Edición y traducción de
Antonio Rivero Taravillo

COLECCIÓN LA CRUZ DEL SUR • EDITORIAL PRE-TEXTOS

MADRID • BUENOS AIRES • VALENCIA • 2005

Primera edición: mayo de 2005

© BY THE TRUSTEES OF THE ROBERT GRAVES COPYRIGHT TRUST

© DE LA EDICIÓN Y LA TRADUCCIÓN, ANTONIO RIVERO TARAVILLO, 2005

© DE ESTA EDICIÓN, PRE-TEXTOS, 2005
LUIS SANTÁNGEL, 10
46005 VALENCIA

IMPRESO EN ESPAÑA
ISBN: 84-8191-676-5 • DEPÓSITO LEGAL: V-2124-2005

TIPÓGRAFOS: ANDRÉS TRAPIELLO Y ALFONSO MELÉNDEZ
AL CUIDADO DE LA EDICIÓN: MANUEL RAMÍREZ

La reproducción total o parcial de este libro, no autorizada por los editores, viola derechos reservados.
Cualquier utilización debe ser previamente solicitada.

Viñeta: Elías Torres Tur

GUADA IMPRESORES - TEL. 961 519 060 - MONTCABRER 26- 46960 ALDAIA (VALENCIA)

INTRODUCCIÓN

MÁS conocido por sus novelas históricas (*Yo, Claudio, Claudio el dios, Rey Jesús,* etcétera, y por *Adiós a todo eso,* ese espléndido borrón y cuenta nueva, memorial de su juventud), Robert Graves quiso ser sobre todo poeta, o más exactamente bardo, con todo lo que ello tiene de recuperación de un mester olvidado que linda con experiencias cuasirreligiosas. Su padre, irlandés, fue también poeta y tuvo vinculación con el Eisteddfod, el festival poético de Gales cuyas raíces se confunden con las del neodruidismo decimonónico. El mismo Robert llegó a confesar en una entrevista cuánto debía a la poesía galesa, incluso reconoció que su primer poema publicado en libro era una estrofa que seguía el modelo de una forma que tuvo su apogeo a partir del siglo IX. Siguiendo esa vocación, Graves (1895-1985) cultivó durante toda su vida el verso, a lo largo de varias decenas de entregas (nuevos poemarios y sucesivas recopilaciones a las que añadía y de las que también podaba), las cuales fueron profundizando en una obra en la que, sobre cualquier otro tema, predomina el del amor y el culto a la mujer, vista o adivinada como trasunto de esa diosa blanca a cuyo estudio y reivindicación dedicó igualmente buena parte de sus energías de ensayista. Abominó de Apolo y lo solar, refugiándose en el seno de Venus: mujer y luna fueron sinónimos de su devoción, una devoción casi enfermiza con la que no hubieran estado de acuerdo muchas feministas (en un poema escribió: "La magia se enreda en el pelo de una mujer / para ilustración del orgullo masculino").

A los veintiún años publicó su primer poemario, *Over the brazier*, mientras combatía en Francia alistado en los Royal Welch Fusiliers, como su amigo Siegfried Sassoon. A Sassoon, que firmó un duro alegato contra la guerra, lo defendió Graves, que alcanzaría la graduación de capitán, en un episodio recreado por Pat Barker en su novela *Regeneration*, de la que hay una película homónima. Fue herido en la batalla del Somme y dado por muerto (así lo publicó el diario *The Times*, que casi setenta años después hubo de publicar la verdadera necrológica). La experiencia de la guerra lo marcó grandemente, como se puede apreciar en los inicios de su obra, en la que también aparece con prodigalidad el Gales rural y casi fuera del tiempo en el que veraneaba durante las vacaciones escolares (en Harlech, donde están enterrados sus padres) y cuyas cumbres de Snowdonia ascendió como montañero discípulo de Mallory (uno de los poemas recogidos en esta antología muestra con humor la llegada del ferrocarril a ese extremo del mundo).

La segunda fase de su producción poética, que es decir de su vida, tan inseparables hizo la una de la otra, comenzó cuando en 1926, estando casado con Nancy Nicholson, conoció a la poeta norteamericana Laura Riding, una energía devastadora que hizo tambalear su existencia y sus convicciones; la convivencia con esta musa caprichosa fue algo muy parecido a un tormento. Ella revisaba lo que él escribía e hizo que destruyera muchos poemas. La pareja vivió siete años en Deià (Mallorca) hasta que estalló la guerra civil española. Este año de 1939 fue también el de su ruptura con Riding (dolorosamente expresada en el poema "La luna acaba en pesadilla"). Posteriormente se casaría con Beryl Hodge (fallecida mientras escribo este prólogo), con quien volvió a residir en Deià, y a cuya sombra inspiradora escribió durante la etapa más prolífica de su carrera poética. A partir de cierto momento, Beryl fue más la esposa y la madre de sus hijos que el amor, esa chispa de las que nacen tantos de sus versos. Pero no se agotó con ella la inspiración de Graves: también tuvo otras musas jóvenes cuyo trato frecuentó, como un crítico y antólogo ha declarado, más como un idealista don Quijote que como un voluptuoso don Juan.

Los poemas de esta antología, seleccionados de entre todas sus épocas, se han dispuesto en orden cronológico de publicación (alguno, que permaneció inédito durante varias décadas, se inserta aquí en la época en que fue escrito). El último de ellos se dio a la imprenta cuando el poeta contaba ya ochenta años. Es fuerza que de obra tan amplia algunas facetas no puedan tener cabida en una antología como ésta: así, sus versiones del galés o irlandés medievales, o sus divertimentos escritos en latín o español escritos durante una breve estancia en Méjico. El magro corpus aquí reunido no llega a ser ni una vigésima parte de su poesía, pero se puede afirmar sin temor a errar demasiado que es una muestra representativa de sus preocupaciones y tendencias estéticas, incluidas, aun en pequeña escala, sus reiteraciones.

La obra de Graves no se parece demasiado a la de otros poetas contemporáneos en lengua inglesa, si no es, muy tangencialmente, a las composiciones amorosas de Yeats, con quien comparte asimismo las visiones y la dependencia de la mujer como médium o musa trascendente. Las innovaciones de Pound o Eliot no lo influyeron lo más mínimo, y los poetas que vinieron después, como Larkin o Auden, por no decir los que eran jóvenes en los años sesenta y setenta del pasado siglo, cuando él todavía escribía poesía, cultivaron unos temas y modos ajenos a los suyos, por más que Hughes o Heaney hayan tenido para él un reconocimiento explícito.

Todo esto es sabido, y el contexto de Graves ya puede leerse en los manuales de literatura; quizá sea aquí más pertinente, pues todo traductor hace su propia lectura, incluir algunas curiosidades y glosas sobre los poemas recogidos en este muestrario. Por ejemplo, que el Estrabón de "La Legión" tiene un notable parentesco con el Bertran de Born de la "Sextina Altaforte" de Pound (para quien Graves, olvidando el precedente de Sassoon y a pesar del pacifismo radical de *Hugh Selwyn Mauberley*, el poemario en el que el autor de los *Cantos* se empleó contra la Gran Guerra, pidió la pena capital por su "traición" a los Estados Unidos). Por otra parte, un celtista redomado como yo no podía dejar de mencionar la curiosa coincidencia entre "Un niño en misa" con un poema irlandés del siglo X, "El monje distraído", en el que el magín del protagonista se aleja traviesamente de los rezos, dejando vagar la atención. "Acres rocosos" alude a la naturaleza del querido campo galés, que Graves reconoció haber encontrado de nuevo en Deià, con su paisaje abrupto y en aquel entonces indómito; la casa que allí se construyó dio en llamarla, en mallorquín, C'an Alluny, "Casa Lejos". En cuanto a "Un incidente galés", al que me referí arriba, no puede ser una escena más fordiana: recuerda la llegada del tren al andén de Innisfree en *El hombre tranquilo* y, sobre todo, uno de los episodios, cómico donde los haya, de *The Rising of the Moon*. La anécdota de la que parte el poema es un viaje en ferrocarril del poeta con su padre, en el transcurso del cual un policía galés, con toda seriedad, les contó cómo la semana anterior había visto con sus propios ojos ¡una sirena!

Un par de notas más, como aperitivo de lo que viene: el Juan al que el poeta se dirige en uno de los poemas de Graves preferidos por la crítica es uno de los hijos que tuvo con Beryl. Y "No dormir" hemos leído en alguna parte que lo inspiran las estancias en su casa de Deià de Ava Gardner, con quien mantuvo una estrecha amistad (ella da a entender en sus memorias que, si él se hubiera acercado, habría podido haber algo más). En sus últimos años, Graves vivió obsesionado por la idea de que la poesía lo abandonaba, de ahí esa necesidad de tener siempre una musa joven (no podía concebir la poesía sin amor). Los últimos poemas de esta antología dan cuenta de esa desazón creativa: "En la cancela", "Crisoles de amor" y "El poema no escrito" hablan de ello.

Traducir a Graves no es fácil: como Hopkins, conoció las elaboradas formas galesas, y en muchas ocasiones hace un empleo de la rima un tanto epocal, cuya emulación en español hoy no tiene sentido; otras veces, espejo de su alta figura de revuelto cabello, el verso es desgarbado y desigual, estofado con palabras raramente "poéticas". En cualquier caso, cuando Graves opta por un término discutible como "coidéntico", el traductor no tiene sino que asentir y aceptar la decisión del poeta, pues se trata de "su" poema, no del nuestro.

Me he servido de la edición de los poemas recogida en el volumen *The Complete Poems in One Volume* (Carcanet), publicada el año 2000 en Manchester al cuidado de Beryl Graves y Dunstan Ward. En el caso de "La Diosa blanca" he optado por una ligera variante anterior a la última corrección del poeta (Graves, sin llegar al paroxismo de Juan Ramón, corregía constantemente). Algunas de las traducciones de estos versos vieron la luz en el catálogo de la exposición sobre el autor celebrada en diciembre de 2002 en el Círculo de Bellas Artes de Madrid. En el entusiasmo y la sabiduría de Aurora Sotelo, su organizadora, está el germen de este libro.

ANTONIO RIVERO TARAVILLO
Sevilla, 28 de octubre de 2003

POEMAS

THE MORNING BEFORE THE BATTLE

To-day, the fight: my end is very soon,
And sealed the warrant limiting my hours:
I knew it walking yesterday at noon
Down a deserted garden full of flowers.
... Carelessly sang, pinned roses on my breast,
Reached for a cherry-bunch – and then, then, Death
Blew through the garden from the North and East
And blighted every beauty with chill breath.

I looked, and ah, my wraith before me stood,
His head all battered in by violent blows:
The fruit between my lips to clotted blood
Was transubstantiate, and the pale rose
Smelt sickly, till it seemed through a swift tear-flood
That dead men blossomed in the garden-close.

Over the Brazier (1916)

LA MAÑANA ANTERIOR A LA BATALLA

La lucha hoy, mi fin está muy cerca,
y firme es la sentencia de mis horas:
lo supe ayer, andando al mediodía
por un jardín desierto y con mil flores.

Cantando, prendí rosas en mi pecho
y, asiendo unas cerezas, ya la Muerte
sopló sobre el jardín desde el nordeste
y heló toda belleza con su aliento.

Miré ante mí y, horror, vi mi fantasma,
con furia golpeada la cabeza:
la fruta de mi boca en sangre espesa

se había transformado, y ya la rosa
marchita olía, hasta que en raudas lágrimas
pareció que los muertos florecían.

Junto a las brasas (1916)

OVER THE BRAZIER

WHAT life to lead and where to go
After the War, after the War?
We'd often talked this way before.
But I still see the brazier glow
That April night, still feel the smoke
And stifling pungency of burning coke.

I'd thought: 'A cottage in the hills,
North Wales, a cottage full of books,
Pictures and brass and cosy nooks
And comfortable broad window-sills,
Flowers in the garden, walls all white.
I'd live there peacefully and dream and write.'

But Willie said: 'No, Home's no good:
Old England's quite a hopeless place,
I've lost all feeling for my race:
But France has given my heart and blood
Enough to last me all my life,
I'm off to Canada with my wee wife.'

'Come with us, Mac, old thing,' but Mac
Drawled: 'No, a Coral Isle for me,
A warm green jewel in the South Sea.
There's merit in a lumber shack,
And labour is a grand thing... but –
Give me my hot beach and my cocoanut.'

JUNTO A LAS BRASAS

¿QUÉ vida llevar y adónde ir
tras la Guerra, tras la Guerra?
A menudo hablábamos de eso.
Pero aún veo el brillo de las brasas
en la noche de abril, y siento el humo
y el acre sofoco del cisco ardiente.

Pensaba: "Una casa en las colinas,
en el norte de Gales, y mil libros,
cuadros y bronce, cómodos rincones
y confortables y anchos alféizares,
flores en el jardín, cal en los muros.
Allí viviría en paz, soñaría y escribiría".

Pero Willie decía: "No, no sirve la Patria:
la vieja Inglaterra no tiene futuro,
ya no siento nada por los míos;
Francia en cambio le ha dado a mi corazón
lo bastante para toda mi vida.
Me iré al Canadá con mi mujercita".

"Ven con nosotros, Mac, abuelo", pero Mac
decía: "No, para mí una isla de coral,
una esmeralda en los mares del Sur.
Una choza con trastos, sí, tiene su aquel,
y el trabajo es una cosa estupenda… pero
a mí dadme una playa caliente y un cocotero".

So then we built and stocked for Willie
His log-hut, and for Mac a calm
Rock-a-bye cradle on a palm
—Idyllic dwellings— but this silly
Mad War has now wrecked both, and what
Better hopes has my little cottage got?

Over the Brazier (1916)

Así que hicimos y dispusimos para Willie
su cabaña de troncos, y para Mac
una tranquila hamaca entre palmeras
–idílicas moradas–, pero esta estúpida
Guerra Loca ha derribado las dos.
¿Y qué puedo esperar para mi casa?

Junto a las brasas (1916)

THE LEGION

'Is that the Three-and-Twentieth, Strabo mine,
Marching below, and we still gulping wine?'
From the sad magic of his fragrant cup
The red-faced old centurion started up,
Cursed, battered on the table. 'No,' he said,
'Not that! The Three-and-Twentieth Legion's dead,
Dead in the first year of this damned campaign –
The Legion's dead, dead, and won't rise again.
Pity? Rome pities her brave lads that die,
But we need pity also, you and I,
Whom Gallic spear and Belgian arrow miss,
Who live to see the Legion come to this:
Unsoldierlike, slovenly, bent on loot,
Grumblers, diseased, unskilled to thrust or shoot.
O brown cheek, muscled shoulder, sturdy thigh!
Where are they now? God! watch it straggle by,
The sullen pack of ragged, ugly swine!
Is that the Legion, Gracchus? Quick, the wine!'
'Strabo,' said Gracchus, 'you are strange to-night.
The Legion is the Legion, it's all right.
If these new men are slovenly, in your thinking,
Hell take it! you'll not better them by drinking.
They all try, Strabo; trust their hearts and hands.
The Legion is the Legion while Rome stands,
And these same men before the autumn's fall
Shall bang old Vercingetorix out of Gaul.'

Fairies and Fusiliers (1917)

LA LEGIÓN

"¿Es la Vigesimotercera, Estrabón, amigo,
ésta que abajo marcha al tiempo que bebemos?"
De la triste magia de su fragante copa
se alzó el viejo centurión rojo de vino.
Maldijo y dio un golpe en la mesa: "No", repuso,
"¡ésa no! La Legión Vigesimotercera ha muerto,
ha muerto en el primer año de esta puta campaña,
la legión ha muerto, ha muerto y ya no se levantará.
¿Piedad? Roma se apiada de sus valientes mozos que
[mueren,
pero también necesitamos piedad tú y yo,
a quienes no alcanza jabalina gala o flecha belga,
que sobrevivimos para ver lo que ha sido de la Legión,
indignos de las armas, sucios, gachos sobre el botín,
refunfuñones, enfermos, torpes ya para clavar o lanzar.
Oh mejilla bronceada, hombro musculoso, firme muslo,
¿qué se hicieron? ¡Dios! Mira con qué desorden va
esa hosca panda de puercos andrajosos!
¿Es ésta la Legión, Graco? ¡Pronto, vino!".
"Estrabón", dijo Graco, "estás desconocido esta noche.
La Legión es la Legión, todo va bien.
Si estos nuevos, en tu opinión, van desaliñados,
¡diantre! bebiendo no los harás mejor.
Todos se esfuerzan, Estrabón; confía en sus corazones
[y manos.
La Legión será la Legión mientras dure Roma,
y antes que sea otoño estos mismos soldados
expulsarán de la Galia al viejo Vercingetorix."

Hadas y fusileros (1917)

A BOY IN CHURCH

'GABBLE-gabble... brethren... gabble-gabble!'
My window frames forest and heather.
I hardly hear the tuneful babble,
Not knowing nor much caring whether
The text is praise or exhortation,
Prayer or thanksgiving, or damnation.

Outside it blows wetter and wetter,
The tossing trees never stay still.
I shift my elbows to catch better
The full round sweep of heathered hill.
The tortured copse bends to and fro
In silence like a shadow-show.

The parson's voice runs like a river
Over smooth rocks. I like this church:
The pews are staid, they never shiver,
They never bend or sway or lurch.
'Prayer,' says the kind voice, 'is a chain
That draws down Grace from Heaven again.'

I add the hymns up, over and over,
Until there's not the least mistake.
Seven-seventy-one. (Look! there's a plover!
It's gone!) Who's that Saint by the lake?
The red light from his mantle passes
Across the broad memorial brasses.

UN NIÑO EN MISA

"Blablablá... hermanos,... blablablá."
Mi ventanal enmarca bosque y brezo.
Apenas oigo el melodioso parloteo,
sin saber ni importarme demasiado
si el texto es de alabanza o exhortación,
rezo de acción de gracias o condena.

Fuera azota la lluvia, llueve y llueve.
Los árboles se balancean, nunca se quedan quietos.
Muevo mis codos para captar mejor
toda la extensión del brezal del monte.
Se mece el torturado bosquecillo
en silencio como una sombra chinesca.

La voz del pastor corre como un río
sobre piedras pulidas. Me gusta esta iglesia:
los bancos son formales, nunca tiemblan,
nunca se inclinan o mecen ni dan bandazos.
"El rezo", dice la voz afable, "es la cadena
que hace bajar de nuevo la gracia desde el Cielo."

Sumo los himnos, una y otra vez,
hasta que no hay ningún error.
Setecientos setenta y uno (¡eh, allí hay un chorlito!
¡Se fue!). ¿Quién es aquel santo junto al lago?
La roja luz de su manto pasa
atravesando los anchos bronces conmemorativos.

It's pleasant here for dreams and thinking,
Lolling and letting reason nod,
With ugly serious people linking
Sad prayers to a forgiving God...
But a dumb blast sets the trees swaying
With furious zeal like madmen praying.

Fairies and Fusiliers (1917)

Es agradable soñar y pensar aquí,
repantigarse y que la razón dé cabezadas,
con gente horrible y seria que vincula
tristes rezos con un Dios que perdona...
Pero una explosión muda hace inclinar los árboles
con un furioso afán, como locos que rezan.

Hadas y fusileros (1917)

LOST LOVE

His eyes are quickened so with grief,
He can watch a grass or leaf
Every instant grow; he can
Clearly through a flint wall see,
Or watch the startled spirit flee
From the throat of a dead man.
Across two counties he can hear
And catch your words before you speak.
The woodlouse or the maggot's weak
Clamour rings in his sad ear,
And noise so slight it would surpass
Credence – drinking sound of grass,
Worm talk, clashing jaws of moth
Chumbling holes in cloth;
The groan of ants who undertake
Gigantic loads for honour's sake
(Their sinews creak, their breath comes thin);
Whir of spiders when they spin,
And minute whispering, mumbling, sighs
Of idle grubs and flies.
This man is quickened so with grief,
He wanders god-like or like thief
Inside and out, below, above,
Without relief seeking lost love.

Treasure Box (1919)

EL AMOR PERDIDO

Tanto aguza sus ojos la desdicha
que puede ver las hojas o la hierba
crecer a cada instante; puede ver
claramente a través de un grueso muro,
o contemplar cómo el inquieto espíritu puede
huir de la garganta de un muerto.

Puede oír a dos condados de distancia
y escuchar tus palabras antes de que hables.
La cochinilla y el débil clamor del gusano
resuenan en su triste oído;
y un ruido que, de tan leve, es increíble:
el que hace la hierba cuando bebe,
lo que hablan las lombrices,
el gruñido de las hormigas que acometen
cargas gigantescas por motivos de honor,
el crujido de sus tendones, su resuello,
el zumbido de las arañas cuando tejen,
y los menudos susurros, farfullos y suspiros
de ociosas larvas y de moscas.

Tanto aguza a este hombre la desdicha
que vaga como un ladrón o igual que un dios,
dentro y fuera, abajo, arriba,
buscando sin cesar su amor perdido.

El cofre del tesoro (1919)

ROCKY ACRES

This is a wild land, country of my choice,
With harsh craggy mountain, moor ample and bare.
Seldom in these acres is heard any voice
But voice of cold water that runs here and there
Through rocks and lank heather growing without care.
No mice in the heath run, no song-birds fly
For fear of the buzzard that floats in the sky.

He soars and he hovers, rocking on his wings,
He scans his wide parish with a sharp eye,
He catches the trembling of small hidden things,
He tears them in pieces, dropping them from the sky;
Tenderness and pity the heart will deny,
Where life is but nourished by water and rock –
A hardy adventure, full of fear and shock.

Time has never journeyed to this lost land,
Crakeberry and heather bloom out of date,
The rocks jut, the streams flow singing on either hand,
Careless if the season be early or late,
The skies wander overhead, now blue, now slate;
Winter would be known by his cutting snow
If June did not borrow his armour also.

Yet this is my country, beloved by me best,
The first land that rose from Chaos and the Flood,
Nursing no valleys for comfort or rest,

ACRES ROCOSOS

Ésta es una tierra salvaje, el país que prefiero,
de áspero y escarpado monte; páramos amplios, desnudos.
Rara vez en estos acres se oye otra voz
que la del agua fría que corre por doquier
a través de las rocas y el brezo que crece a su antojo.
No corren ratones por el brezal, no vuelan aves canoras
por temor del halcón que sobrevuela.

Se eleva y cierne, mecido por sus alas,
contempla su ancho territorio con mirada incisiva,
capta el temblor de las cosas pequeñas,
las despedaza y las deja caer desde el cielo;
ternura y piedad negará el corazón,
donde la vida se nutre sólo de agua y roca;
una ardua aventura, llena de temor y sobresalto.

Nunca el tiempo ha viajado a esta tierra perdida,
la aulaga y el brezo florecen a destiempo.
Las rocas sobresalen, los arroyos corren cantando,
sin cuidar de si la estación se anticipa o retrasa,
los cielos vagan en lo alto, ora azules, ora de pizarra;
se conocería al invierno por su cortante nieve
si junio no tomara también su armadura.

Pero éste es mi país, el que más quiero,
la primera tierra surgida del Caos y el Diluvio,
que no alberga valles para la comodidad y el descanso,

Trampled by no shod hooves, bought with no blood.
Sempiternal country whose barrows have stood
Stronghold for demigods when on earth they go,
Terror for fat burghers on far plains below.

Country Sentiment (1920)

pisado por ninguna herradura, con sangre alguna
[comprado.
País sempiterno cuyos cerros siguen siendo
un fortín para los semidioses cuando van a la Tierra,
el terror del burgués en los lejanos llanos de abajo.

Sentimientos de campo (1920)

THE PIER-GLASS

Lost manor where I walk continually
A ghost, though yet in woman's flesh and blood.
Up your broad stairs mounting with outspread fingers
And gliding steadfast down your corridors
I come by nightly custom to this room,
And even on sultry afternoons I come
Drawn by a thread of time-sunk memory.

Empty, unless for a huge bed of state
Shrouded with rusty curtains drooped awry
(A puppet theatre where malignant fancy
Peoples the wings with fear). At my right hand
A ravelled bell-pull hangs in readiness
To summon me from attic glooms above
Service of elder ghosts; here, at my left,
A sullen pier-glass, cracked from side to side,
Scorns to present the face (as do new mirrors)
With a lying flush, but shows it melancholy
And pale, as faces grow that look in mirrors.

Is there no life, nothing but the thin shadow
And blank foreboding, never a wainscot rat
Rasping a crust? Or at the window-pane
No fly, no bluebottle, no starveling spider?
The windows frame a prospect of cold skies
Half-merged with sea, as at the first creation –

ESPEJO DE CUERPO ENTERO

PERDIDA mansión que recorro siempre,
como un fantasma en forma de mujer.
Con dedos extendidos, escaleras arriba,
y escurriéndome tenaz por tus pasillos,
la costumbre nocturna me trae a esta estancia,
y hasta en las tardes cálidas me tira
un hilo de memoria que se hunde en el tiempo.

Vacía, salvo por un vasto lecho suntuoso
que cubren mohosas cortinas retorcidas
(teatro de marionetas donde una maligna fantasía
puebla de miedo los bastidores). A mi derecha
una reliada campanilla cuelga dispuesta
para llamarme, desde mis penumbras del ático,
a servir a otros espectros superiores; a mi izquierda,
un sombrío espejo de cuerpo entero, resquebrajado,
no se digna presentar el rostro (como los espejos nuevos)
con mentiroso arrebol, sino triste y pálido,
como se tornan los rostros que en espejos se miran.

¿No hay vida, nada salvo la delgada sombra
y la aprensión en blanco, nunca una rata
raspando una corteza? ¿O en el cristal de la ventana
ninguna mosca, alguna araña hambrienta?
Las ventanas enmarcan cielos fríos
que casi se funden con el mar, como la creación
[primigenia,

Abstract, confusing welter. Face about,
Peer rather in the glass once more, take note
Of self, the grey lips and long hair dishevelled,
Sleep-staring eyes. Ah, mirror, for Christ's love
Give me one token that there still abides
Remote –beyond this island mystery,
So be it only this side Hope, somewhere,
In streams, on sun-warm mountain pasturage–
True life, natural breath; not this phantasma.

The Pier-Glass (1921)

un maremágnum abstracto, confuso. Da media vuelta,
escruta una vez más sobre el azogue, atento
al ser, los labios grises y la melena alborotada,
los ojos que miran somnolientos. Ah, espejo, por Dios,
dame una señal de que aún habita,
remota, ahí –más allá del misterio de esta isla,
de modo que esté de este lado la esperanza, en alguna
[parte,
en riachuelos, en pastos de montañas soleadas–
la vida verdadera, el aliento natural; no este fantasma.

Espejo de cuerpo entero (1921)

FULL MOON

As I walked out that sultry night,
I heard the stroke of One.
The moon, attained to her full height,
Stood beaming like the sun:
She exorcized the ghostly wheat
To mute assent in love's defeat,
Whose tryst had now begun.

The fields lay sick beneath my tread,
A tedious owlet cried,
A nightingale above my head
With this or that replied –
Like man and wife who nightly keep
Inconsequent debate in sleep
As they dream side by side.

Your phantom wore the moon's cold mask,
My phantom wore the same;
Forgetful of the feverish task
In hope of which they came;
Each image held the other's eyes
And watched a grey distraction rise
To cloud the eager flame –

To cloud the eager flame of love,
To fog the shining gate;

LUNA LLENA

De paseo una noche calurosa,
oí dar la una.
En su máxima altura, vi a la luna
verter destellos como el sol:
le sonsacaba al trigo fantasmal
su callado consentimiento,
derrotado el amor,
cuya cita había comenzado.

Los campos yacían enfermos a mi paso,
chilló una pesada lechuza,
sobre mi cabeza un ruiseñor
respondió con cualquier cosa;
como el hombre y la mujer que de noche
debaten sin pensarlo cuando duermen
soñando el uno junto al otro.

Tu fantasma llevaba la fría máscara de la luna,
mi fantasma llevaba lo mismo;
olvidando la tarea febril
a la que vinieron con la esperanza de alcanzar,
cada imagen tenía los ojos del otro
y contemplaba alzarse una gris confusión
para nublar la llama deseosa.

Para nublar la llama deseosa del amor,
para velar el portal resplandeciente;

They held the tyrannous queen above
Sole mover of their fate,
They glared as marble statues glare
Across the tessellated stair
Or down the halls of state.

And now warm earth was Arctic sea,
Each breath came dagger-keen;
Two bergs of glinting ice were we,
The broad moon sailed between;
There swam the mermaids, tailed and finned,
And love went by upon the wind
As though it had not been.

Mock Beggar Hall (1924)

tenían a la tirana reina en lo alto,
única regidora de su sino;
miraron como miran las estatuas de mármol
a través de la escalera con teselas
o a las salas más lujosas de abajo.

Ya la cálida tierra era un mar ártico,
como una aguda daga cada aliento;
éramos dos icebergs centelleantes;
la luna navegaba entre nosotros;
allí nadaban sirenas, con sus colas y aletas,
y el amor pasaba, llevado por el viento,
como si no hubiera sido.

Salón de falsos pobres (1924)

LOVE WITHOUT HOPE

LOVE without hope, as when the young bird-catcher
Swept off his tall hat to the Squire's own daughter,
So let the imprisoned larks escape and fly
Singing about her head, as she rode by.

Welchman's Hose (1925)

AMOR SIN ESPERANZA

Amor sin esperanza, igual que cuando el joven pajarero
se quitó su alto sombrero ante la hija de su señor
y dejó a las alondras prisioneras escapar y volar
cantando sobre su cabeza mientras ella iba al trote.

Calzas galesas (1925)

THE COOL WEB

CHILDREN are dumb to say how hot the day is,
How hot the scent is of the summer rose,
How dreadful the black wastes of evening sky,
How dreadful the tall soldiers drumming by.

But we have speech, to chill the angry day,
And speech, to dull the rose's cruel scent.
We spell away the overhanging night,
We spell away the soldiers and the fright.

There's a cool web of language winds us in,
Retreat from too much joy or too much fear:
We grow sea-green at last and coldly die
In brininess and volubility.

But if we let our tongues lose self-possession,
Throwing off language and its watery clasp
Before our death, instead of when death comes,
Facing the wide glare of the children's day,
Facing the rose, the dark sky and the drums,
We shall go mad no doubt and die that way.

Poems, 1914-1926 (1927)

LA RED FRÍA

Los niños están mudos ante el calor del día,
ante el cálido aroma de la rosa de estío,
ante el terror de los yermos del cielo vespertino,
y los altos soldados que con tambores desfilan.

Pero nosotros tenemos habla para helar al día enfurecido,
y habla para mitigar el aroma cruel de la rosa.
Conjuramos a la noche amenazadora,
conjuramos a los soldados y el temor.

Hay una fría red de lenguaje que nos atrapa,
apartaos de demasiada alegría o demasiado miedo:
al final nos volvemos verdemar y morimos
fría, salobre, volublemente.

Pero si dejamos que nuestras lenguas pierdan
                            [autodominio
alejando al lenguaje y a su abrazo acuoso
antes de nuestra muerte, en vez de cuando ésta llegue,
haciendo frente al resplandor del día de los niños,
la rosa, el cielo oscuro y los tambores,
nos volveremos locos y locos moriremos.

Poesías, 1914-1926 (1927)

IN BROKEN IMAGES

He is quick, thinking in clear images;
I am slow, thinking in broken images.

He becomes dull, trusting to his clear images;
I become sharp, mistrusting my broken images.

Trusting his images, he assumes their relevance;
Mistrusting my images, I question their relevance.

Assuming their relevance, he assumes the fact;
Questioning their relevance, I question the fact.

When the fact fails him, he questions his senses;
When the fact fails me, I approve my senses.

He continues quick and dull in his clear images;
I continue slow and sharp in my broken images.

He in a new confusion of his understanding;
I in a new understanding of my confusion.

Poems (1929)

CON IDEAS INCONEXAS

ÉL es brillante, y piensa con ideas claras;
yo soy torpe, y pienso con ideas inconexas.

Él se vuelve aburrido, confiando en sus ideas claras;
yo me vuelvo sutil, desconfiando de mis ideas inconexas.

Confiando en sus ideas, asume la importancia de éstas;
desconfiando de mis ideas, cuestiono la importancia
                                                  [de éstas.

Asumiendo su importancia, asume la realidad;
cuestionando su importancia, cuestiono la realidad.

Cuando la realidad le falla, cuestiona sus sentidos;
cuando la realidad me falla, apruebo mis sentidos.

Él sigue sutil y aburrido con sus ideas claras;
yo sigo torpe y sutil con mis ideas inconexas.

Él, con una nueva confusión de su entendimiento;
yo, con un nuevo entendimiento de mi confusión.

Poesías (1929)

A FORMER ATTACHMENT

And glad to find, on again looking at it,
It meant even less to me than I had thought –
You know the ship is moving when you see
The boxes on the quayside slide away
And become smaller – and feel a calm delight
When the port's cleared and the coast out of sight,
And ships are few, each on its proper course,
With no occasion for approach or discourse.

Poems (1929)

UNA RELACIÓN ANTERIOR

Y feliz de descubrir, reconsiderándolo,
que significó para mí aún menos de lo que creía:
sabes que el barco se mueve cuando ves
que los fardos del muelle se deslizan
y se hacen pequeños, y sientes un sereno regocijo
cuando el puerto desaparece y se borra la costa,
y los barcos son pocos, cada uno en su rumbo,
sin que haya ocasión de acercarse o palabras.

Poesías (1929)

THE CASTLE

Walls, mounds, enclosing corrugations
Of darkness, moonlight on dry grass.
Walking this courtyard, sleepless, in fever;
Planning to use –but by definition
There's no way out, no way out–
Rope-ladders, baulks of timber, pulleys,
A rocket whizzing over the walls and moat –
Machines easy to improvise.

                        No escape,
No such thing; to dream of new dimensions,
Cheating checkmate by painting the king's robe
So that he slides like a queen;
Or to cry, 'Nightmare, nightmare!'
Like a corpse in the cholera-pit
Under a load of corpses;
Or to run the head against these blind walls,
Enter the dungeon, torment the eyes
With apparitions chained two and two,
And go frantic with fear –
To die and wake up sweating by moonlight
In the same courtyard, sleepless as before.

Poems (1929)

EL CASTILLO

M<small>ONTÍCULOS</small>, murallas, circundantes
ondulaciones tenebrosas, hierba seca a la luz de la luna.
Andar por este patio, insomne, enfebrecido;
planeando usar –aunque por definición
no existe salida, no existe salida–
escalas de cuerda, vigas de madera, poleas,
un cohete que silbe sobre murallas y foso,
máquinas fáciles de improvisar.
                                Sin escapatoria,
pues tal cosa no existe; soñar con nuevas dimensiones,
fingiendo un jaque mate al pintar el manto del rey
de modo que se mueva cual la reina;
o gritar: "¡Pesadilla, pesadilla!"
como un cadáver en la fosa del cólera
bajo un montón de cadáveres;
o abalanzarse de cabeza contra estos muros ciegos,
entrar en la mazmorra, atormentar los ojos
con apariciones de dos en dos encadenadas,
y desesperarse de miedo:
morir y despertar sudando a la luz de la luna
en el mismo patio, insomne como antes.

Poesías (1929)

WELSH INCIDENT

'But that was nothing to what things came out
From the sea-caves of Criccieth yonder.'
'What were they? Mermaids? dragons? ghosts?'
'Nothing at all of any things like that.'
'What were they, then?''
                              'All sorts of queer things,
Things never seen or heard or written about,
Very strange, un-Welsh, utterly peculiar
Things. Oh, solid enough they seemed to touch,
Had anyone dared it. Marvellous creation,
All various shapes and sizes, and no sizes,
All new, each perfectly unlike his neighbour,
Though all came moving slowly out together.'
'Describe just one of them.'
                        'I am unable.'

'What were their colours?'
                        'Mostly nameless colours,
Colours you'd like to see; but one was puce
Or perhaps more like crimson, but not purplish.
Some had no colour.'
                        'Tell me, had they legs?'
'Not a leg nor foot among them that I saw.'
'But did these things come out in any order?
What o'clock was it? What was the day of the week?
Who else was present? How was the weather?'
'I was coming to that. It was half-past three

UN INCIDENTE GALÉS

"Pero eso no fue nada comparado
con lo que salió de las grutas de Criccieth."
"¿Qué eran? ¿Sirenas? ¿Dragones? ¿Fantasmas?"
"Nada que ver con ese tipo de cosas."
"Entonces, ¿qué era?"
      "Toda clase de cosas extrañas,
nunca vistas u oídas, sobre las que nadie ha escrito,
muy raras, no son galesas, absolutamente chocantes.
Oh, parecían muy sólidas al tacto, suponiendo que
         [alguien
se hubiera atrevido a tocarlas. Creaciones maravillosas,
de todas las formas y tamaños, y sin tamaño,
todas nuevas, totalmente distintas de su vecina,
aunque todas venían juntas avanzando despacio."
"Describe al menos una."
      "No soy capaz."
"¿De qué color eran?"
      "De colores sin nombre,
colores que te gustaría ver; pero una era pardusca,
o quizá más bien colorada, pero no púrpura.
Algunas no tenían color."
      "Dime, ¿tenían patas?"
"Ni patas ni pies, que yo viera."
"Pero, ¿estas cosas venían en algún orden?"
"¿Qué hora era? ¿Qué día de la semana?"
"¿Quién más estaba presente? ¿Qué tiempo hacía?"
"A eso iba. Eran las tres y media

On Easter Tuesday last. The sun was shining.
The Harlech Silver Band played *Marchog Jesu*
On thirty-seven shimmering instruments,
Collecting for Caernarvon's (Fever) Hospital Fund.
The populations of Pwllheli, Criccieth,
Portmadoc, Borth, Tremadoc, Penrhyndeudraeth,
Were all assembled. Criccieth's mayor addressed them
First in good Welsh and then in fluent English,
Twisting his fingers in his chain of office,
Welcoming the things. They came out on the sand,
Not keeping time to the band, moving seaward
Silently at a snail's pace. But at last
The most odd, indescribable thing of all,
Which hardly one man there could see for wonder,
Did something recognizably a something.'
'Well, what?'
        'It made a noise'
        'A frightening noise?'
'No, no.'

        'A musical noise? A noise of scuffling?'
'No, but a very loud, respectable noise –
Like groaning to oneself on Sunday morning
In Chapel, close before the second psalm.'
'What did the mayor do?'
        'I was coming to that.'

Poems (1929)

del Martes Santo pasado. Brillaba el sol.
La Banda de Harlech tocó *Marchog Jesu*
con treinta y siete instrumentos relucientes
haciendo una colecta para el Hospital de Caernarvon.
Todos los habitantes de Pwllheli, Criccieth,
Portmadoc, Borth, Tremadoc, Penrhyndeudraeth,
se congregaron. El alcalde de Criccieth se dirigió a ellos
primero en buen galés y luego en inglés fluido,
con sus dedos jugueteando con su gran cadenón,
dándoles la bienvenida. Salieron a la arena,
pero no al compás de la banda, yendo hacia el mar
en silencio a paso de tortuga. Pero al final,
la más rara e indescriptible de aquellas cosas,
que todos allí tomaron por milagro,
hizo algo que fue reconocible."
"¿Sí, y qué fue?"
        "Hizo un ruido."
          "¿Un ruido espantoso?"
"No, no."
          "¿Un ruido melodioso? ¿Un alboroto?"
"No, un ruido muy grave y respetable:
como el que hace uno al gemir un domingo por la mañana
en la Iglesia, poco antes del segundo salmo."
"¿Qué hizo el alcalde?"
        "A eso iba."

Poesías (1929)

ON RISING EARLY

R ISING early and walking in the garden
Before the sun has properly climbed the hill –
His rays warming the roof, not yet the grass
That is white with dew still.

And not enough breeze to eddy a puff of smoke,
And out in the meadows a thick mist lying yet,
And nothing anywhere ill or noticeable –
Thanks indeed for that.

But was there ever a day with wit enough
To be always early, to draw the smoke up straight
Even at three o'clock of an afternoon,
To spare dullness or sweat?

Indeed, many such days I remember
That were dew-white and gracious to the last,
That ruled out meal-times, yet had no more hunger
Than was felt by rising a half-hour before breakfast,
Nor more fatigue – where was it that I went
So unencumbered, with my feet trampling
Like strangers on the past?

To Whom Else? (1931)

LEVANTARSE TEMPRANO

Levantarse temprano y andar por el jardín
antes que el sol remonte la colina,
con sus rayos calentando el tejado, pero aún no la hierba
todavía blanca de rocío.

Y sin brisa suficiente para rizar el humo,
y allá en los prados aún una espesa neblina,
y nada en parte alguna mal o que nos choque;
muchas gracias por esto.

Mas ¿hubo alguna vez un día tan sabio
como para ser siempre temprano, alzar recto el humo
incluso a las tres de la tarde
y evitar lo feo o el sudor?

En realidad recuerdo muchos días así,
blancos de rocío y colmados de gracia hasta el final,
que abolían los almuerzos, y sin embargo no había más
                                                   [hambre
que la de levantarse media hora antes de desayunar,
ni más fatiga: ¿dónde fue, que yo iba
tan impertérrito, con los pies dando zancadas
como extraños sobre el pasado?

¿A quién si no? (1931)

ON PORTENTS

If strange things happen where she is,
So that men say that graves open
And the dead walk, or that futurity
Becomes a womb and the unborn are shed,
Such portents are not to be wondered at,
Being tourbillions in Time made
By the strong pulling of her bladed mind
Through that ever-reluctant element.

To Whom Else? (1931)

DE PORTENTOS

Si cosas extrañas suceden donde ella está,
tanto que dicen que se abren las tumbas
y caminan los muertos, o que el futuro se hace vientre
y son dados a luz los no nacidos,
no te causen asombro esos portentos,
pues son torbellinos que en el Tiempo hace
el fuerte tirar de su afilada mente
a través de ese elemento siempre reacio.

¿A quién si no? (1931)

THE BARDS

The bards falter in shame, their running verse
Stumbles, with marrow-bones the drunken diners
Pelt them for their delay.
It is a something fearful in the song
Plagues them – an unknown grief that like a churl
Goes commonplace in cowskin
And bursts unheralded, crowing and coughing,
An unpilled holly-club twirled in his hand,
Into their many-shielded, samite-curtained,
Jewel-bright hall where twelve kings sit at chess
Over the white-bronze pieces and the gold;
And by a gross enchantment
Flails down the rafters and leads off the queens
–The wild-swan-breasted, the rose-ruddy-cheeked
Raven-haired daughters of their admiration–
To stir his black pots and to bed on straw.

Poems, 1930-1933 (1933)

LOS BARDOS

Los bardos titubean con vergüenza, el correr de su verso
da traspiés, con huesos los comensales ebrios
los aporrean por su retraso.
Hay algo temible en el canto que los atormenta,
una desconocida congoja que como un patán
se hace vulgar bajo una piel de vaca
e irrumpe sin anunciarse, dando voces y tosiendo,
blandiendo un garrote de acebo en la mano
en su sala con escudos y cortinas de brocado de seda
y brillantes joyas, en la que doce reyes
se sientan a jugar al ajedrez
con broncíneas piezas blancas y doradas;
y por un grosero encantamiento
se cuela por el tejado y se lleva a las reinas,
—de pecho de cisne salvaje, de mejillas rosas, rubicundas,
de cabello como los cuervos, las hijas de su admiración—
para remover sus negros calderos y dormir en un lecho
                                                [de paja.

Poesías, 1930-1933 (1933)

THE CUIRASSIERS OF THE FRONTIER

Goths, Vandals, Huns, Isaurian mountaineers,
Made Roman by our Roman sacrament,
We can know little (as we care little)
Of the Metropolis: her candled churches,
Her white-gowned pederastic senators,
The cut-throat factions of her Hippodrome,
The eunuchs of her draped saloons.

Here is the frontier, here our camp and place –
Beans for the pot, fodder for horses,
And Roman arms. Enough. He who among us
At full gallop, the bowstring to his ear,
Lets drive his heavy arrows, to sink
Stinging through Persian corslets damascened,
Then follows with the lance – he has our love.

The Christ bade Holy Peter sheathe his sword,
Being outnumbered by the Temple guard.
And this was prudence, the cause not yet lost
While Peter might persuade the crowd to rescue.
Peter renegued, breaking his sacrament.
With us the penalty is death by stoning,
Not to be made a bishop.

In Peter's Church there is no faith nor truth,
Nor justice anywhere in palace or court.
That we continue watchful on the rampart

LOS CORACEROS DE LA FRONTERA

Godos, vándalos, hunos, montañeses isaurios,
romanos ya por nuestro sacramento romano,
poco podemos saber (y menos nos importa)
de la Metrópoli: sus iglesias con velas,
sus pederastas senadores de togas cándidas,
las salvajes facciones de su Hipódromo,
los eunucos de sus tapizados salones.

Aquí está la frontera, el campamento, nuestro puesto:
guisantes para la olla, forraje para los caballos,
y armas romanas. Eso nos basta. Quienquiera
que de nosotros, al galope, la cuerda del arco en la oreja,
dirija sus pesadas flechas para hundirlas
en coseletes persas damasquinados,
y luego la lanza, tiene nuestro aprecio.

El Cristo mandó a San Pedro envainar la espada
cuando la guardia del Templo los superó.
Prudente fue, la causa no estaba perdida
mientras Pedro pudiera urgir al rescate a la multitud.
Pedro renegó, rompiendo su sacramento.
Para nosotros el castigo es la muerte por lapidación,
no que nos hagan obispo.

En la Iglesia de Pedro no hay fe ni verdad,
ni ninguna justicia en palacio ni corte.
Que continuemos vigilantes sobre la muralla

Concerns no priest. A gaping silken dragon,
Puffed by the wind, suffices us for God.
We, not the City, are the Empire's soul:
A rotten tree lives only in its rind.

Collected Poems (1938)

a ningún cura le incumbe. Un dragón, abiertas fauces,
henchido por el viento, nos basta como Dios.
Nosotros, sin ser la Ciudad, somos el alma del Imperio:
un árbol podrido vive sólo en su corteza.

Poemas reunidos (1938)

VARIABLES OF GREEN

GRASS-green and aspen-green,
Laurel-green and sea-green,
Fine-emerald-green,
And many another hue:
As green commands the variables of green
So love my loves of you.

Collected Poems (1938)

VARIANTES DEL VERDE

El verde de la hierba y el verde de los álamos,
el verde del laurel y el verde del mar,
hermoso verde esmeralda,
y muchos otros tonos:
como el verde impera en las variantes del verde,
así el amor mis amores por ti.

Poemas reunidos (1938)

AT FIRST SIGHT

'LOVE at first sight,' some say, misnaming
Discovery of twinned helplessness
Against the huge tug of procreation.

But friendship at first sight? This also
Catches fiercely at the surprised heart
So that the cheek blanches and then blushes.

Collected Poems (1938)

A PRIMERA VISTA

"Amor a primera vista", algunos llaman por error
al descubrimiento de gemelos desamparos
junto al enorme tirón de la procreación.

Pero ¿amistad a primera vista? Esto también
alcanza ferozmente al corazón atónito,
y la mejilla palidece y después se ruboriza.

Poemas reunidos (1938)

LIKE SNOW

She, then, like snow in a dark night,
Fell secretly. And the world waked
With dazzling of the drowsy eye,
So that some muttered 'Too much light',
And drew the curtains close.
Like snow, warmer than fingers feared,
And to soil friendly;
Holding the histories of the night
In yet unmelted tracks.

Collected Poems (1938)

COMO NIEVE

Entonces ella, como nieve en noche cerrada,
cayó en secreto. Y se despertó el mundo,
deslumbrados los ojos soñolientos,
tanto que algunos susurraron: "Demasiada luz",
y echaron las cortinas.

Como nieve, más cálida de lo que los dedos temían,
y suave con la tierra;
guardando las historias de la noche
en vestigios aún no derretidos.

Poemas reunidos (1938)

THE CLIMATE OF THOUGHT

THE climate of thought has seldom been described.
It is no terror of Caucasian frost,
Nor yet that brooding Hindu heat
For which a loin-rag and a dish of rice
Suffice until the pestilent monsoon.
But, without winter, blood would run too thin;
Or, without summer, fires would burn too long.
In thought the seasons run concurrently.

Thought has a sea to gaze, not voyage, on;
And hills, to rough the edge of the bland sky,
Not to be climbed in search of blander prospect;
Few birds, sufficient for such caterpillars
As are not fated to turn butterflies;
Few butterflies, sufficient for such flowers
As are the luxury of a full orchard;
Wind, sometimes, in the evening chimneys; rain
On the early morning roof, on sleepy sight;
Snow streaked upon the hilltop, feeding
The fond brook at the valley-head
That greens the valley and that parts the lips;
The sun, simple, like a country neighbour;
The moon, grand, not fanciful with clouds.

Collected Poems (1938)

EL CLIMA DEL PENSAMIENTO

EL clima del pensamiento rara vez se ha descrito.
No es ningún horror de heladas del Cáucaso
ni tampoco ese calor de incubadora indio
con el que bastan una alfombrilla y un plato de arroz
hasta que llegue el monzón pestilente.
Pero sin invierno la sangre no corre espesa;
o, sin verano, los fuegos arderían demasiado tiempo.
En el pensamiento las estaciones pasan
concurrentemente.

El pensamiento tiene un mar que contemplar, no una
                                             [travesía;
y colinas, para hacer más áspero el borde del blando cielo,
que no se han de subir en pos de un panorama aún más
                                                   [blando;
pocos pájaros, suficientes para las orugas
a las que no es dado convertirse en mariposas;
pocas mariposas, suficientes para las flores
que son el lujo de un jardín repleto;
viento, a veces, en las chimeneas de la tarde; lluvia
en el tejado del amanecer, una adormilada vista;
nieve veteada en la cima, que alimenta
el cariñoso arroyo en el nacimiento del valle
que da verdor al valle y separa los labios;
el sol, sencillo, como un vecino del campo;
la luna, grandiosa, sin fantasmagorías de nubes.

Poemas reunidos (1938)

THE MOON ENDS IN NIGHTMARE

I had once boasted my acquaintance
With the Moon's phases: I had seen her, even,
Endure and emerge from full eclipse.
Yet as she stood in the West, that summer night,
The fireflies dipping insanely about me,
So that that the foggy air quivered and winked
And the sure eye was cheated,
In horror I cried aloud: for the same Moon
Whom I had held a living power, though changeless,
Split open in my sight, a bright egg shell,
And a double-headed Nothing grinned
All-wisely from the gap.

At this I found my earth no more substantial
Than the lower air, or the upper,
And ran to plunge in the cool flowing creek,
My eyes and ears pressed under water.
And did I drown, leaving my corpse in mud?
Yet still the thing was so.

I crept to where my window beckoned warm
Between the white oak and the tulip tree
And rapped – but was denied, as who returns
After a one-hour-seeming century
To a house not his own.

Uncollected Poems (1934-1939)

LA LUNA ACABA EN PESADILLA

Una vez me jacté de conocer
las fases de la luna; la había visto, serena,
resistir y emerger de un eclipse total.
Aunque, alta en el oeste, aquella noche de verano,
bajando, locas, las luciérnagas junto a mí,
trémula la bruma, parpadeante,
y el ojo seguro obnubilado,
aterrorizado grité. Pues la misma Luna
a quien había creído un poder vivo, aunque inmutable,
se separó en dos ante mis ojos, un brillante cascarón,
y una Nada bicéfala sonrió con una mueca
omnisciente en el vacío.

Ante esto vi que mi tierra no tenía más sustancia
que el aire bajo, o el superior,
y corrí a sumergirme en la profunda cala,
mis ojos y oídos oprimidos bajo el agua.
¿Y me ahogué, dejando mi cadáver en el fango?
Y aun así, la cosa fue de esta manera.

Me arrastré adonde mi ventana, cálida, me hacía señas
para que entrara, entre el roble blanco y el tulipero,
y llamé, pero fui negado como alguien que vuelve
tras un siglo que parece una hora
a una casa que ya no es la suya.

Poemas no recogidos en libro (1934-1939)

DAWN BOMBARDMENT

GUNS from the sea open against us:
The smoke rocks bodily in the casemate
And a yell of doom goes up.
We count and bless each new, heavy concussion –
Captives awaiting rescue.
Visiting angel of the wild-fire hair
Who in dream reassured us nightly
Where we lay fettered,
Laugh at us, as we wake – our faces
So tense with hope the tears run down.

Work in Hand (1942)

BOMBARDEO AL AMANECER

CAÑONES desde el mar nos disparan:
el humo se mece corpóreo en la casamata
y asciende un aullido de muerte.
Contamos y bendecimos cada nueva conmoción:
prisioneros que aguardan su rescate.

Ángel que nos visitas con el cabello en llamas,
tú que en sueños nos tranquilizabas cada noche
donde yacíamos encadenados,
ríete de nosotros al despertar, los rostros
tan tensos de esperanza que las lágrimas corren.

Obra entre manos (1942)

LANGUAGE OF THE SEASONS

Living among orchards, we are ruled
By the four seasons necessarily:
This from unseasonable frosts we learn
Or from usurping suns and haggard flowers –
Legitimist our disapproval.

Weather we knew, not seasons, in the city
Where, seasonless, orange and orchid shone,
Knew it by heavy overcoat or light,
Framed love in later terminologies
Than here, where we report how weight of snow,
Or weight of fruit, tears branches from the tree.

Work in Hand (1942)

EL LENGUAJE DE LAS ESTACIONES

V IVIENDO entre estos huertos, nos gobiernan
por fuerza las cuatro estaciones:
lo aprendemos de escarchas a destiempo,
o de soles usurpadores y demacradas flores:
legitimista nuestra desaprobación.

El tiempo conocíamos, no estaciones, en la ciudad
donde, sin estaciones, brillaban la naranja y la orquídea;
lo conocíamos por el pesado abrigo o por la luz,
enmarcábamos el amor en terminologías posteriores
a éstas de aquí, donde contamos
cuánto peso de nieve, o cuánta fruta,
desgajan a los árboles sus ramas.

Obra entre manos (1942)

MID-WINTER WAKING

Stirring suddenly from long hibernation,
I knew myself once more a poet
Guarded by timeless principalities
Against the worm of death, this hillside haunting;
And presently dared open both my eyes.

O gracious, lofty, shone against from under,
Back-of-the-mind-far clouds like towers;
And you, sudden warm airs that blow
Before the expected season of new blossom,
While sheep still gnaw at roots and lambless go –

Be witness that on waking, this mid-winter,
I found her hand in mine laid closely
Who shall watch out the Spring with me.
We stared in silence all around us
But found no winter anywhere to see.

Work in Hand (1942)

DESPERTAR EN PLENO INVIERNO

Agitándome de repente tras larga hibernación
me supe poeta de nuevo
guardado por principados eternos
del gusano de la muerte, esta obsesionante ladera;
y finalmente me atreví a abrir los ojos.

Oh gráciles, elevadas, iluminadas por debajo,
nubes en el confín del pensamiento, como torres;
y vosotros, súbitos aires cálidos que sopláis,
antes de la ansiada estación de flores nuevas,
cuando aún las ovejas roen raíces y van sin corderos.

Sed testigos de que al despertar, en pleno invierno,
hallé su mano apretada entre la mía
que ha de acechar conmigo a la primavera.
En silencio observamos todo a nuestro alrededor,
mas no vimos invierno en parte alguna.

Obra entre manos (1942)

THE BEACH

Louder than gulls the little children scream
Whom fathers haul into the jovial foam;
But others fearlessly rush in, breast high,
Laughing the salty water from their mouths –
Heroes of the nursery.

The horny boatman, who has seen whales
And flying fishes, who has sailed as far
As Demerara and the Ivory Coast,
Will warn them, when they crowd to hear his tales,
That every ocean smells alike of tar.

Poems, 1938-1945 (1945)

LA PLAYA

Más ruidosos que gaviotas chillan los críos
cuyos padres arrastran a la espuma jovial,
pero otros, alto el pecho, corren a meterse sin miedo,
riendo el agua salada de sus bocas,
héroes de la chiquillería.

El calloso barquero, que ha visto ballenas
y peces voladores, que ha navegado hasta
Demerara y la Costa de Marfil,
les advertirá, cuando se agolpen para oír sus relatos,
que todo océano huele cual la brea.

Poesías, 1938-1945 (1945)

THE DOOR

W HEN she came suddenly in
It seemed the door could never close again,
Nor even did she close it —she, she—
The room lay open to a visiting sea
Which no door could restrain.

Yet when at last she smiled, tilting her head
To take her leave of me,
Where she had smiled, instead
There was a dark door closing endlessly,
The waves receded.

Poems, 1938-1945 (1945)

LA PUERTA

Cuando ella entró de improviso,
pareció que la puerta no volvería a cerrarse,
ni siquiera ella la cerró –ella, ella–:
la habitación quedó abierta a un mar visitante
al que no podía detener puerta alguna.

Mas, cuando al fin sonrió, ladeando la cara
para despedirse de mí,
donde había sonreído, en su lugar,
había una puerta oscura que sin cesar se cerraba
y se retiraron las olas.

Poesías, 1938-1945 (1945)

UNDER THE POT

Sulkily the sticks burn, and though they crackle
With scorn under the bubbling pot, or spout
Magnanimous jets of flame against the smoke,
At each heel end a dirty sap breaks out.

Confess, creatures, how sulkily ourselves
We hiss with doom, fuel of a sodden age –
Not rapt up roaring to the chimney stack
On incandescent clouds of spirit or rage.

Poems, 1938-1945 (1945)

BAJO EL CALDERO

AIRADOS leños arden, y aunque crujen
con desprecio bajo el caldero que bulle, o vierten
magnánimos chorros de fuego contra el humo,
sucia savia salpica los tacones.

Confesad, criaturas, cómo airados
silbamos con la muerte, el combustible que empapa
[una era;
no absortos, bramando a la apilada leña
sobre nubes incandescentes de espíritu o furia.

Poesías, 1938-1945 (1945)

THROUGH NIGHTMARE

N<small>EVER</small> be disenchanted of
That place you sometimes dream yourself into,
Lying at large remove beyond all dream,
Or those you find there, though but seldom
In their company seated –

The untameable, the live, the gentle.
Have you not known them? Whom? They carry
Time looped so river-wise about their house
There's no way in by history's road
To name or number them.
In your sleepy eyes I read the journey
Of which disjointedly you tell; which stirs
My loving admiration, that you should travel
Through nightmare to a lost and moated land,
Who are timorous by nature.

Poems, 1938-1945 (1945)

EN UNA PESADILLA

Que nunca llegue a desencantarte
ese lugar en el que a veces sueñas que estás
y que se halla a gran distancia de todo sueño,
ni aquellos a los que allí encuentras, aunque rara vez
sentada en su compañía.

Los indomables, los activos, los bondadosos.
¿No los has conocido? ¿A quiénes? Llevan
al Tiempo serpeando tan como un río junto a su casa
que no hay entrada por el camino de la historia
para nombrarlos o contarlos.

En tus ojos somnolientos leo el viaje
que incoherentemente narras, y que excita
mi admiración de amante: que viajaras
en una pesadilla a una tierra perdida y con un foso,
tú que eres de carácter asustadizo.

Poesías, 1938-1945 (1945)

SHE TELLS HER LOVE WHILE HALF ASLEEP

She tells her love while half asleep,
In the dark hours,
With half-words whispered low:
As Earth stirs in her winter sleep
And puts out grass and flowers
Despite the snow,
Despite the falling snow.

Poems, 1938-1945 (1945)

ELLA DICE SU AMOR MEDIO DORMIDA

Ella dice su amor medio dormida
en la profunda noche
con palabras entrecortadas que susurra en voz baja;
como la tierra se agita en su sueño invernal
y hace brotar hierbas y flores
pese a la nieve,
pese a la nieve que cae.

Poesías, 1938-1945 (1945)

TO JUAN AT THE WINTER SOLSTICE

THERE is one story and one story only
That will prove worth your telling,
Whether as learned bard or gifted child;
To it all lines or lesser gauds belong
That startle with their shining
Such common stories as they stray into.
Is it of trees you tell, their months and virtues,
Or strange beasts that beset you,
Of birds that croak at you the Triple will?
Or of the Zodiac and how slow it turns
Below the Boreal Crown,
Prison of all true kings that ever reigned?

Water to water, ark again to ark,
From woman back to woman:
So each new victim treads unfalteringly
The never altered circuit of his fate,
Bringing twelve peers as witness
Both to his starry rise and starry fall.

Or is it of the Virgin's silver beauty,
All fish below the thighs?
She in her left hand bears a leafy quince;
When with her right she crooks a finger, smiling,
How may the King hold back?
Royally then he barters life for love.

A JUAN EN EL SOLSTICIO DE INVIERNO

Hay sólo una historia, una única historia
que pueda merecer que la relates,
ya sea como docto bardo o aventajado niño;
a ella pertenecen todos los versos o dijes menores
que sobresaltan con su brillo
a tantos cuentos vulgares cuando se extravían en ellos.

¿Hablas de los árboles, sus meses y virtudes,
o extrañas bestias que te asaltan,
de pájaros que te graznan el Triple Deseo?
¿O del Zodiaco y cómo lentamente gira
bajo la Corona Boreal,
prisión de cuantos monarcas fieles reinaron una vez?

De agua a agua, de arca a arca,
de mujer otra vez a mujer:
así cada nueva víctima recorre con firmeza
el circuito nunca alterado de su sino,
trayendo a doce pares por testigos
de su ascenso astral o de su astral caída.

¿O es de la belleza plateada de la Virgen,
toda pez por debajo de las caderas?
En su mano izquierda lleva un frondoso membrillo;
cuando con la derecha dobla un dedo, sonriente,
¿cómo puede el rey no acudir?
Regiamente trueca vida por amor.

Or of the undying snake from chaos hatched,
Whose coils contain the ocean,
Into whose chops with naked sword he springs,
Then in black water, tangled by the reeds,
Battles three days and nights,
To be spewed up beside her scalloped shore?

Much snow is falling, winds roar hollowly,
The owl hoots from the elder,
Fear in your heart cries to the loving-cup:
Sorrow to sorrow as the sparks fly upward.
The log groans and confesses:
There is one story and one story only.

Dwell on her graciousness, dwell on her smiling,
Do not forget what flowers
The great boar trampled down in ivy time.
Her brow was creamy as the crested wave,
Her sea-grey eyes were wild
But nothing promised that is not performed.

Poems, 1938-1945 (1945)

¿O de la serpiente inmortal que incubara el caos,
cuyos anillos contienen el océano,
en cuyas fauces con espadas desnudas salta,
y después en agua negra, enredada en los juncos,
combate por tres días y tres noches
para ser vomitada junto a su festoneada costa?

Cae mucha nieve, rugen cavernosos los vientos,
la lechuza ulula en el saúco,
el miedo en tu corazón grita a la copa de la amistad:
de tristeza a tristeza mientras se alzan las chispas.
El tronco se queja y confiesa:
hay sólo una historia, una única historia.

Habita en su bondad, habita en su sonrisa,
no olvides qué flores
el gran jabalí pisoteó en un tiempo de hiedra.
Su frente era de nata como la crespa ola,
sus ojos grises como el mar eran salvajes
pero nada prometían que no se haya cumplido.

Poesías, 1938-1945 (1945)

THE WHITE GODDESS

All saints revile her, and all sober men
Ruled by the God Apollo's golden mean –
In scorn of which I sailed to find her
In distant regions likeliest to hold her
Whom I desired above all things to know,
Sister of the mirage and echo.

It was a virtue not to stay,
To go my headstrong and heroic way
Seeking her out at the volcano's head,
Among pack ice, or where the track had faded
Beyond the cavern of the seven sleepers:
Whose broad high brow was white as any leper's,
Whose eyes were blue, with rowan-berry lips,
With hair curled honey-coloured to white hips.

Green sap of Spring in the young wood a-stir
Will celebrate the Mountain Mother,
And every song-bird shout awhile for her;
But I am gifted, even in November,
Rawest of seasons, with so huge a sense
Of her nakedly worn magnificence
I forget cruelty and past betrayal,
Heedless of where the next bright bolt may fall.

Poems and Satires (1951)

LA DIOSA BLANCA

Los santos la reprenden y los sobrios
hombres a quienes rige el dios Apolo
con su *aurea mediocritas*;
despreciándolos, navegué para buscarla
en regiones remotas donde es más probable abrazarla,
ella a quien anhelaba conocer sobre todas las cosas,
hermana del milagro y del eco.
Fue una virtud no quedarme,
ir obstinada, heroicamente,
buscándola en la cima del volcán,
entre duro hielo o donde se había disipado el rastro
más allá de la caverna de las siete durmientes:
su ancha frente era más blanca que la de cualquier
[leprosa,
sus ojos eran azules y sus labios como serbas,
con el cabello rizado, color de miel, hasta las caderas
[blancas.
La savia de la primavera en el joven bosque agitándose
celebrará con su verdor a la Madre
y cada pájaro cantor silbará para ella.
Mas gozo de un gran don, hasta en noviembre,
la más cruda estación, con un sentimiento tan grandioso
de su desnuda magnificencia.
Olvido la crueldad y pasadas traiciones,
sin importarme dónde pueda caer el siguiente cerrojo
[brillante.

Poemas y sátiras (1951)

COUNTING THE BEATS

You, love, and I,
(He whispers) you and I,
And if no more than only you and I
What care you or I?

Counting the beats,
Counting the slow heart beats,
The bleeding to death of time in slow heart beats,
Wakeful they lie.

Cloudless day,
Night, and a cloudless day,
Yet the huge storm will burst upon their heads one day
From a bitter sky.

Where shall we be,
(She whispers) where shall we be,
When death strikes home, O where then shall we be
Who were you and I?

Not there but here,
(He whispers) only here,
As we are, here, together, now and here,
Always you and I.

CONTANDO LOS LATIDOS

Tú, amor, y yo,
(susurra él) tú y yo,
¿y si solamente tú y yo,
qué nos importa a ti a o mí?

Contando los latidos,
contando los lentos latidos del corazón,
el mortal desangrarse del tiempo en lentos latidos del
[corazón,
despiertos yacen.

Un día sin nubes,
la noche y un día sin nubes;
mas la tormenta enorme estallará sobre sus cabezas
[un día
desde un cielo amargo.

¿Dónde estaremos
(ella susurra), dónde estaremos
cuando la muerte golpee el hogar, oh dónde estaremos
quienes fuimos tú y yo?

No allí sino aquí
(susurra él), sólo aquí,
como aquí, ahora, estamos juntos aquí,
siempre tú y yo.

Counting the beats,
Counting the slow heart beats,
The bleeding to death of time in slow heart beats,
Wakeful they lie.

Poems and Satires (1951)

Contando los latidos,
contando los lentos latidos del corazón,
el mortal desangrarse del tiempo en lentos latidos del
                                                [corazón,
despiertos yacen.

Poemas y sátiras (1951)

THE PORTRAIT

She speaks always in her own voice
Even to strangers; but those other women
Exercise their borrowed, or false, voices
Even on sons and daughters.

She can walk invisibly at noon
Along the high road; but those other women
Gleam phosphorescent –broad hips and gross fingers–
Down every lampless alley.

She is wild and innocent, pledged to love
Through all disaster; but those other women
Decry her for a witch or a common drab
And glare back when she greets them.

Here is her portrait, gazing sidelong at me,
The hair in disarray, the young eyes pleading:
'And you, love? As unlike those other men
As I those other women?'

Poems and Satires (1951)

EL RETRATO

Ella habla siempre con su propia voz,
incluso a los extraños; pero esas otras mujeres
ejercen sus voces prestadas, falsas,
incluso sobre sus hijos e hijas.

Puede caminar invisible al mediodía
por la carretera; pero esas otras mujeres
fosforecen –anchas caderas, gordos dedos–
andando por callejas sin farolas.

Indómita e inocente, está empeñada
en amar pese a todo; pero esas otras mujeres
la injurian como a bruja o mujerzuela
y la miran airadas cuando ella saluda.

Aquí está su retrato, que me mira de reojo,
revuelto el pelo, los jóvenes ojos implorando:
¿Y tú, amor? ¿Tan distinto de los otros hombres
como yo de las otras mujeres?

Poemas y sátiras (1951)

RHEA

On her shut lids the lightning flickers,
Thunder explodes above her bed,
An inch from her lax arm the rain hisses;
Discrete she lies,

Not dead but entranced, dreamlessly
With slow breathing, her lips curved
In a half-smile archaic, her breast bare,
Hair astream.

The house rocks, a flood suddenly rising
Bears away bridges: oak and ash
Are shivered to the roots – royal green timber.
She nothing cares.

(Divine Augustus, trembling at the storm,
Wrapped sealskin on his thumb; divine Gaius
Made haste to hide himself in a deep cellar,
Distraught by fear.)

Rain, thunder, lightning: pretty children.
'Let them play,' her mother-mind repeats;
'They do no harm, unless from high spirits
Or by mishap.'

Poems (1953)

REA

Sobre sus cerrados párpados centellea el relámpago,
el trueno estalla sobre su cama,
a un dedo de su brazo laxo sisea la lluvia;
diferenciada yace,

no muerta sino en trance, tal insomne
con lento respirar, curvados labios
en una medio sonrisa arcaica, desnudo el pecho,
un río su melena.

La casa se estremece, una inundación repentina
se lleva puentes: roble y fresno
tiemblan hasta las raíces, madera verde regia.
Todo le da igual.

(El divino Augusto, temblando en la tormenta,
envolvió con piel de foca su pulgar; el divino Gayo
corrió a esconderse en un sótano profundo,
presa del pánico.)

Lluvia, trueno, relámpago: hermosos hijos.
"Que jueguen", repite maternal.
"No hacen daño, salvo que se animen mucho
o por accidente."

Poesías (1953)

THE FACE IN THE MIRROR

GREY haunted eyes, absent-mindedly glaring
From wide, uneven orbits; one brow drooping
Somewhat over the eye
Because of a missile fragment still inhering,
Skin deep, as a foolish record of old-world fighting.

Crookedly broken nose – low tackling caused it;
Cheeks, furrowed; coarse grey hair, flying frenetic;
Forehead, wrinkled and high;
Jowls, prominent; ears, large; jaw, pugilistic;
Teeth, few; lips, full and ruddy; mouth, ascetic.

I pause with razor poised, scowling derision
At the mirrored man whose beard needs my attention,
And once more ask him why
He still stands ready, with a boy's presumption,
To court the queen in her high silk pavilion.

5 Pens in Hand (1958)

EL ROSTRO EN EL ESPEJO

Ojos grises, ausentes, que crepitan
en sus órbitas amplias, desiguales;
una ceja que en parte
se inclina sobre el ojo porque encierra
todavía una esquirla, piel adentro,
como un recuerdo necio de la lucha
de un viejo mundo.

Nariz rota, aguileña: un mal placaje
la causó; surcadas mejillas; basta
pelambre gris que revolotea loca;
frente arrugada y alta;
carrillos prominentes; las orejas,
grandes; y la mandíbula, de púgil;
dientes, pocos; labios gruesos; boca ascética.

Me detengo con la navaja en ristre,
frunciéndole el ceño, mofándome
del hombre del espejo cuya barba
requiere mi atención, y otra vez le pregunto
por qué sigue dispuesto, con la presunción de un mozo,
a cortejar a la reina en su dosel de seda.

Cinco plumas a mano (1958)

SYMPTOMS OF LOVE

LOVE is a universal migraine,
A bright stain on the vision
Blotting out reason.

Symptoms of true love
Are leanness, jealousy,
Laggard dawns;

Are omens and nightmares –
Listening for a knock,
Waiting for a sign:

For a touch of her fingers
In a darkened room,
For a searching look.

Take courage, lover!
Could you endure such grief
At any hand but hers?

More Poems (1961)

SÍNTOMAS DEL AMOR

El amor es una jaqueca universal,
un brillante manchón sobre la vista
que emborrona la razón.

Los síntomas del amor verdadero
son enflaquecer, tener celos,
y auroras perezosas;

presagios y pesadillas,
escuchar a ver si llama,
esperar una señal,

y el roce de sus dedos
en una habitación a oscuras,
una mirada que busca.

¡No te desanimes, amante!
¿Podrías soportar tamaña angustia
de otra mano si no es la mano de ella?

Más poemas (1961)

THE SECRET LAND

Every woman of true royalty owns
A secret land more real to her
Than this pale outer world:

At midnight when the house falls quiet
She lays aside needle or book
And visits it unseen.

Shutting her eyes, she improvises
A five-barred gate among tall birches,
Vaults over, takes possession.

Then runs, or flies, or mounts a horse
(A horse will canter up to greet her)
And travels where she will;

Can make grass grow, coax lilies up
From bud to blossom as she watches,
Lets fish eat from her palm;

Has founded villages, planted groves
And hollowed valleys for brooks running
Cool to a land-locked bay.

I never dared question my love
About the government of her queendom
Or its geography,

EL PAÍS SECRETO

Toda mujer regia en verdad posee
un país secreto, más real para ella
que este pálido mundo exterior:

la casa ya en silencio, a medianoche,
aparta aguja o libro
y lo visita sin ser vista.

Cerrando los ojos, improvisa
una verja de hierro entre abedules:
salta la barrera, toma posesión.

Luego corre o vuela, o bien cabalga
un caballo que trota a recibirla,
y viaja adonde quiera;

sabe hacer que la hierba crezca,
que el lirio se entreabra a su mirada
y que los peces coman de su mano;

ha fundado aldeas, plantado bosques
y vaciado valles para que arroyos corran
fríos a una bahía sin salida al mar.

Nunca osé preguntar a mi amor
por el gobierno de su reino
ni por su geografía,

Nor followed her between those birches,
Setting one leg astride the gate,
Spying into the mist.

Yet she has pledged me, when I die,
A lodge beneath her private palace
In a level clearing of the wood
Where gentians grow and gillyflowers
And sometimes we may meet.

More Poems (1961)

ni la he seguido entre esos abedules,
escalando esa verja
para espiarla en la niebla.

Y aun así, me ha prometido, cuando muera,
un pabellón al pie de su palacio
en un calvero liso en la espesura,
donde crece la genciana y el alhelí
y que a veces podemos encontrarnos.

Más poemas (1961)

SELDOM YET NOW

S ELDOM yet now: the quality
Of this fierce love between us –
Seldom the encounter,
The presence always,
Free of oath or promise.

And if we were not so
But birds of similar plumage caged
In the peace of every day,
Would we still conjure wildfire up
From common earth, as now?

More Poems (1961)

RARA VEZ, MAS AHORA

RARA vez, mas ahora: con la esencia
de este salvaje amor que nos tenemos,
rara vez el encuentro
y la presencia siempre,
libre de juramentos o promesas.

Y si no fuésemos así,
sino aves de un idéntico plumaje
enjauladas en la paz cotidiana,
¿aún preservaríamos la hoguera, lejos
de la tierra común, igual que ahora?

Más poemas (1961)

AT BEST, POETS

WOMAN with her forests, moons, flowers, waters,
And watchful fingers:
We claim no magic comparable to hers–
At best, poets; at worst, sorcerers.

Man Does, Woman Is (1964)

EN EL MEJOR CASO, POETAS

La mujer con sus bosques, lunas, flores, aguas,
y vigilantes dedos:
no podemos presumir de magia comparable a la suya.
En el mejor caso, poetas; en el peor, hechiceros.

El hombre hace, la mujer es (1964)

MAN DOES, WOMAN IS

Studiously by lamp-light I appraised
The palm of your hand, its heart-line
Identical with its head-line;
And you appraised the approving frown.

I spread my cards face-upwards on the table,
Not challenging you for yours.
Man does; but woman is –
Can a gamester argue with his luck?

Man Does, Woman Is (1964)

EL HOMBRE HACE, LA MUJER ES

Atentamente a la luz de la lámpara
examiné la palma de tu mano,
su línea del corazón idéntica a la de la vida;
y tú examinaste mi ceño aprobador.

Extendí mis cartas boca arriba en la mesa,
sin retarte a que enseñaras las tuyas.
El hombre hace, pero la mujer es:
¿puede un jugador discutir con su suerte?

El hombre hace, la mujer es (1964)

THE THREE-FACED

W̲HO calls her two-faced? Faces, she has three:
The first inscrutable, for the outer world;
The second shrouded in self-contemplation;
The third, her face of love,
Once for an endless moment turned on me.

Man Does, Woman Is (1964)

LA DE LAS TRES CARAS

¿Quién dice que ella tiene dos caras? Tiene tres:
la primera inescrutable, para el mundo exterior;
envuelta en autocontemplación, la segunda;
la tercera, su cara de amor,
que una vez volvió hacia mí en un instante eterno.

El hombre hace, la mujer es (1964)

I WILL WRITE

He had done for her all that a man could,
And, some might say, more than a man should.
Then was ever a flame so recklessly blown out
Or a last goodbye so negligent as this?
'I will write to you,' she muttered briefly,
Tilting her cheek for a polite kiss;
Then walked away, nor ever turned about...

Long letters written and mailed in her own head—
There are no mails in a city of the dead.

Man Does, Woman Is (1964)

ESCRIBIRÉ

Había hecho por ella todo lo que un hombre puede,
y, dirán algunos, más de lo que un hombre debe.
¿Hubo alguna vez una llama tan sin piedad apagada,
o un último adiós tan negligente como éste?
"Te escribiré", musitó brevemente,
poniendo la mejilla para un beso de cortesía;
después se marchó, sin volverse nunca...

Largas cartas escritas y enviadas sólo en su cabeza.
No existe el correo en la ciudad de los muertos.

El hombre hace, la mujer es (1964)

NOT TO SLEEP

Not to sleep all the night long, for pure joy,
Counting no sheep and careless of chimes,
Welcoming the dawn confabulation
Of birds, her children, who discuss idly
Fanciful details of the promised coming –
Will she be wearing red, or russet, or blue,
Or pure white? – whatever she wears, glorious:
Not to sleep all the night long, for pure joy,
This is given to few but at last to me,
So that when I laugh and stretch and leap from bed
I shall glide downstairs, my feet brushing the carpet
In courtesy to civilized progression,
Though, did I wish, I could soar through the open
                                                [window
And perch on a branch above, acceptable ally
Of the birds still alert, grumbling gently together.

Man Does, Woman Is (1964)

NO DORMIR

No dormir en toda la noche, por puro placer,
sin contar ovejas, ajeno a las esquilas,
dando la bienvenida a la confabulación auroral
de los pájaros, sus hijos, que ociosos discuten
detalles que imaginan de la prometida llegada:
¿vestirá de rojo, o rosado, o azul,
o puro blanco? Del color que vista, espléndido.
No dormir en toda la noche, por puro placer,
le es concedido a pocos, mas al fin a mí,
así que cuando ría, me desperece y salte de la cama
me deslizaré abajo, y mis pies cepillarán la alfombra
educadamente en aras del civilizado progreso,
aunque, si quisiera, podría salir volando por la ventana
                                                        [abierta
y posarme en una alta rama, aceptable aliado
de los pájaros aún alerta, y gorjear dulce con ellos.

El hombre hace, la mujer es (1964)

ARREARS OF MOONLIGHT

My heart lies wrapped in red under your pillow,
My body wanders banished among the stars;
On one terrestrial pretext or another
You still withhold the extravagant arrears
Of moonlight that you owe us,
Though the owl whoops from a far olive branch
His brief, monotonous, night-long reminder.

*Seventeen Poems Missing
from 'Love Respelt'* (1966)

ATRASOS DE LUZ DE LUNA

Mi corazón yace envuelto en rojo bajo tu almohada,
mi cuerpo vaga proscrito entre las estrellas;
con un pretexto terrestre u otro,
aún retienes los extravagantes atrasos
de luz de luna que nos debes,
aunque la lechuza grita, lejos, desde una rama de olivo
su breve y monótono recordatorio que dura la noche
                                                      [entera.

Diecisiete poemas no publicados
en Amor reescrito (1966)

THE GORGE

Y ONDER beyond all hopes of access
Begins your queendom; here is my frontier.
Between us howl phantoms of the long dead,
But the bridge that I cross, concealed from view
Even in sunlight, and the gorge bottomless,
Swings and echoes under my strong tread
Because I have need of you.

*Seventeen Poems Missing
from 'Love Respelt'* (1966)

EL BARRANCO

Más allá de toda esperanza de entrar,
está donde tú reinas; aquí está mi frontera.
En medio de nosotros aúllan fantasmas muy antiguos,
pero el puente que cruzo, oculto a la vista
incluso a la luz del día, y el barranco insondable,
oscila y resuena bajo mi firme paso
porque te necesito.

Diecisiete poemas no publicados
en Amor reescrito (1966)

ON GIVING

THOSE who dare give nothing
Are left with less than nothing;
Dear heart, you give me everything,
Which leaves you more than everything –
Though those who dare give nothing
Might judge it left you nothing.

Giving you everything,
I too, who once had nothing,
Am left with more than everything
As gifts for those with nothing
Who need, if not our everything,
At least a loving something.

*Seventeen Poems Missing
from 'Love Respelt'* (1966)

A PROPÓSITO DE DAR

Quienes se atreven a no dar nada
se quedan con menos que nada;
corazón, tú me lo das todo,
lo cual te deja con más que todo;
aunque quienes se atreven a dar nada
podrían pensar que no te deja nada.

Dándotelo a ti todo,
también yo, que un día no tuve nada,
me quedo con más que todo
como los regalos hechos a quienes no tienen nada,
que necesitan, si no nuestro todo,
sí al menos un cariñoso algo.

Diecisiete poemas no publicados
en Amor reescrito (1966)

LIKE OWLS

THE blind are their own brothers; we
Form an obscure fraternity
Who, though not destitute of sight
Know ourselves doomed from birth to see,
Like owls, most clearly in half light.

Colophon to 'Love Respelt' (1967)

COMO LECHUZAS

Los ciegos son sus propios hermanos; nosotros
formamos una oscura fraternidad
de quienes, aunque no les falta la vista,
sabemos que desde que nacemos estamos condenados
[a ver,
como lechuzas, más claramente a media luz.

Colofón a Amor reescrito (1967)

A BRACELET

A bracelet invisible
For your busy wrist,
Twisted from silver
Spilt afar,
From silver of the clear Moon,
From her sheer halo,
From the male beauty
Of a shooting star.

Colophon to 'Love Respelt' (1967)

UNA PULSERA

Una invisible pulsera
para tu muñeca inquieta,
repujada con plata
vertida lejos,
plata de la pálida Luna,
de su misterioso halo,
de la belleza masculina
de una estrella fugaz.

Colofón a Amor reescrito (1967)

HOODED FLAME

Love, though I sorrow, I shall never grieve:
Grief is to mourn a flame extinguished;
Sorrow, to find it hooded for the hour
When planetary influences deceive
And hope, like wine, turns sour.

Colophon to 'Love Respelt' (1967)

LLAMA EMBOZADA

Amor, aunque me apene, nunca me afligiré:
el dolor es llorar a una llama extinguida;
la pena, hallarla embozada en esa hora
en que los influjos planetarios engañan
y la esperanza se agria como el vino.

Colofón a Amor reescrito (1967)

DEW-DROP AND DIAMOND

The difference between you and her
(Whom I to you did once prefer)
Is clear enough to settle:
She like a diamond shone, but you
Shine like an early drop of dew
Poised on a red rose-petal.

The dew-drop carries in its eye
Mountain and forest, sea and sky,
With every change of weather;
Contrariwise, a diamond splits
The prospect into idle bits
That none can piece together.

Poems, 1965-1968 (1968)

LA GOTA DE ROCÍO Y EL DIAMANTE

La diferencia entre tú y ella
(a la que un día preferí sobre ti)
es muy fácil de establecer:
ella brillaba como un diamante, pero tú
brillas como la primera gota de rocío
posada en el pétalo de una rosa roja.

La gota de rocío guarda en su ojo
bosque y montaña, cielo y mar
y todos los cambios del cielo;
por el contrario, un diamante separa
la vista en porciones inútiles
que no se pueden recomponer.

Poesías, 1965-1968 (1968)

ALL EXCEPT HANNIBAL

TRAPPED in a dismal marsh, he told his troops:
'No lying down, lads! Form your own mess-groups
And sit in circles, each man on the knees
Of the man behind; then nobody will freeze.'

They obeyed his orders, as the cold sun set,
Drowsing all night in one another's debt,
All except Hannibal himself, who chose
His private tree-stump – he was one of those!

Poems, 1965-1968 (1968)

TODOS MENOS ANÍBAL

A TRAPADOS en un lúgubre pantano, dijo a sus tropas:
"¡Nada de tumbarse, muchachos! Formad grupos para
                                     [el rancho
y sentaos en círculos, cada uno sobre las rodillas
del que esté detrás: así no se congelará nadie".

Obedecieron sus órdenes cuando el sol se puso,
y dormitaron toda la noche, en deuda unos con otros,
todos menos Aníbal, que escogió
para sí el tocón de un árbol: ¡era uno de ésos!

Poesías, 1965-1968 (1968)

SHE TO HIM

To have it, sweetheart, is to know you have it
Rather than think you have it;
To think you have it is a wish to take it,
Though afterwards you would not have it –
And thus a fear to take it.
Yet if you know you have it, you may take it
And know that still you have it.

Poems, 1965-1968 (1968)

ELLA A ÉL

TENERLO, amor, es saber que lo tienes
más que pensar que lo tienes;
pensar que lo tienes es un deseo de cogerlo,
aunque después desearías no tenerlo
y, así, un temor de cogerlo.
Mas si sabes que lo tienes, podrías cogerlo
y saber que todavía lo tienes.

Poesías, 1965-1968 (1968)

THE NARROW SEA

W ITH you for mast and sail and flag,
And anchor never known to drag,
Death's narrow but oppressive sea
Looks not unnavigable to me.

Poems, 1965-1968 (1968)

EL MAR ESTRECHO

CONTIGO como mástil y bandera,
mi velamen y ancla,
el mar estrecho pero opresivo de la muerte
no me parece innavegable.

Poesías, 1965-1968 (1968)

THE OLIVE-YARD

Now by a sudden shift of eye
The hitherto exemplary world
Takes on immediate wildness
And birds, trees, winds, the very letters
Of our childhood's alphabet, alter
Into rainbowed mysteries.

Flesh is no longer flesh, but power;
Numbers, no longer arithmetical,
Dance like lambs, fly like doves;
And silence falls at last, though silken branches
Gently heave in the near olive-yard
And vague cloud labours on.

Whose was the stroke of summer genius
Flung from a mountain fastness
Where the griffon-vulture soars
That let us read our shrouded future
As easily as a book of prayer
Spread open on the knee?

Poems, 1965-1968 (1968)

EL OLIVAR

Ahora, por un súbito cambio en la mirada
el mundo que hasta ahora era ejemplar
adquiere una inmediata condición salvaje:
los pájaros, los árboles, los vientos
y hasta las letras del alfabeto de nuestra infancia
se tornan arcoiris de misterios.

La carne ya no es carne: es poder;
los números, que ya no son aritméticos,
bailan como corderos, vuelan como palomas;
y el silencio cae finalmente, aunque las ramas de seda
suavemente se mecen en el vecino olivar
y una vaga nube prosigue su tarea.

¿De quién fue ese toque de genio estival
que nos dejó leer nuestro amortajado futuro
con la facilidad de un libro de oraciones
abierto en las rodillas?

Poesías, 1965-1968 (1968)

ARROW ON THE VANE

SUDDENLY, at last, the bitter wind veers round
From North-East to South-West. It is at your orders;
And the arrow on our vane swings and stays true
To your direction. Nothing parts us now.
What can I say? Nothing I have not said,
However the wind blew. I more than love,
As when you drew me bodily from the dead.

The Green-Sailed Vessel (1971)

LA FLECHA EN LA VELETA

De repente, por fin, el viento glacial cambia
de nordeste a sudoeste; está a tus órdenes;
y la flecha de nuestra veleta se gira y permanece fiel
a tu dirección. Nada ahora nos separa.
¿Qué puedo decir? Nada que no haya dicho,
como quiera que soplara el viento. Soy más que amor,
como cuando tú sacaste mi cuerpo de entre los muertos.

El barco de velas verdes (1971)

WITH A GIFT OF RINGS

It was no costume jewellery I sent:
True stones cool to the tongue, their settings ancient,
Their magic evident.
Conceal your pride, accept them negligently
But, naked on your couch, wear them for me.

The Green-Sailed Vessel (1971)

REGALANDO UNAS SORTIJAS

No era bisutería lo que envié:
legítimas piedras frías a la lengua, antiguos sus engastes,
evidente su magia.
Oculta tu orgullo, acéptalas displicente,
mas, desnuda en el lecho, llévalas para mí.

El barco de velas verdes (1971)

CLIFF AND WAVE

Since first you drew my irresistible wave
To break in foam on your immovable cliff,
We occupy the same station of being –
Not as in wedlock harboured close together,
But beyond reason, co-identical.
Now when our bodies hazard an encounter,
They dread to engage the fury of their senses,
And only in the brief dismay of parting
Will your cliff shiver or my wave falter.

The Green-Sailed Vessel (1971)

ACANTILADO Y OLA

DESDE el día en que atrajiste mi irresistible ola
para que rompiera, hecha espuma, en tu acantilado
                                    [inmóvil,
ocupamos el mismo estado del ser;
no como en una conyugal proximidad de bahía,
sino, más allá de la razón, coidénticos.
Ahora, cuando nuestros cuerpos se aventuran a
                                    [encontrarse,
temen provocar la furia de sus sentidos,
y sólo en el breve desánimo de la separación
temblará tu acantilado o desfallecerá mi ola.

El barco de velas verdes (1971)

HER BEAUTY

LET me put on record for posterity
The uniqueness of her beauty:
Her black eyes fixed unblinking on my own,
Cascading hair, high breasts, firm nose,
Soft mouth and dancer's toes.

Which is, I grant, cautious concealment
Of a new Muse by the Immortals sent
For me to honour worthily –
Her eyes brimming with tears of more than love,
Her lips gentle, moving secretly –

And she is also the dark hidden bride
Whose beauty I invoke for lost sleep:
To last the whole night through without dreaming –
Even when waking is to wake in pain
And summon her to grant me sleep again.

Poems, 1970-1972 (1972)

SU BELLEZA

Ojalá pueda guardar para el mañana
lo insólito de su belleza:
sus ojos negros, sin parpadear, fijos en los míos,
su pelo en cascada, los erguidos pechos, la nariz firme,
su suave boca y pies de bailarina.

Lo que es, lo admito, la cauta ocultación
de una nueva Musa por los Inmortales enviada
para que la honre yo como merece.
Sus ojos rebosantes de lágrimas de algo que es más que
[amor,
sus delicados labios, que se mueven en secreto.

Y también es la escondida novia oscura
cuya belleza invoco para volver a dormir:
para atravesar toda la noche sin soñar,
incluso cuando despertar es despertar con dolor
y llamarla para que me devuelva el sueño.

Poesías, 1970-1972 (1972)

THE TITLE OF POET

Poets are guardians
Of a shadowy island
With granges and forests
Warmed by the Moon.

Come back, child, come back!
You have been far away,
Housed among phantoms,
Reserving silence.

Whoever loves a poet
Continues whole-hearted,
Her other loves or loyalties
Distinct and clear.

She is young, he is old
And endures for her sake
Such fears of unease
As distance provokes.

Yet how can he warn her
What natural disasters
Will plague one who dares
To neglect her poet?...
For the title of poet
Comes only with death.

Poems, 1970-1972 (1972)

EL TÍTULO DE POETA

Los poetas son guardianes
de una isla sombría
con bosques y con fincas
que calienta la Luna.

¡Regresa, niña, regresa!
Has estado muy lejos,
viviendo entre fantasmas,
reservando silencio.

Quien ama a un poeta,
sigue siendo entusiasta,
sus otros amores o lealtades
distintos y claros.

Ella es joven, él es viejo
y soporta por ella
el desasosegante miedo
que causa la distancia.

¿Pero cómo puede advertirle
de los desastres naturales
que persiguen a quien osa
no hacer caso a un poeta?...
Pues el título de poeta
sólo llega con la muerte.

Poesías, 1970-1972 (1972)

THE MOON'S LAST QUARTER

So daylight dies.
The moon's in full decline,
Nor can those misted early stars outshine her.
But what of love, counted on to discount
Recurrent terror of the moon's last quarter?

Child, take my hand, kiss it finger by finger!
Can true love fade? I do not fear death
But only pity, with forgetfulness
Of love's timeless vocabulary

And an end to poetry
With death's mad aircraft rocketing from the sky.
Child, take my hand!

Timeless Meeting (1973)

EL ÚLTIMO CUARTO DE LA LUNA

Así muere la luz del día.
La luna ha menguado por completo,
ni las primeras estrellas pueden ya eclipsarla.
Pero, ¿qué es del amor, que se supone ha de descartar
el terror recurrente del último cuarto de la luna?

¡Niña, coge mi mano, bésala dedo a dedo!
¿Puede apagarse el amor verdadero? No temo la muerte,
sino sólo dar pena, y el olvido
del vocabulario intemporal del amor,

y que acabe la poesía
con el loco avión de la muerte como una exhalación por
[el cielo.
¡Niña, coge mi mano!

Encuentro intemporal (1973)

AT THE GATE

Where are poems? Why do I now write none?
This can mean no lack of pens, nor lack of love,
But need perhaps of an increased magic –
Where have my ancient powers suddenly gone?

Tonight I caught a glimpse of her at the gate
Grappling a monster never found before,
And jerking back its head. Had I come too late?
Her eyes blazed fire and I could look no more.

What could she hold against me? Never yet
Had I lied to her or thwarted her desire,
Rejecting prayers that I could never forget,
Stealing green leaves to light an alien fire.

At the Gate (1974)

EN LA CANCELA

¿Dónde están los poemas? ¿Por qué ya no los escribo?
No es que no tenga pluma, que no tenga amor,
sino que tal vez necesite una magia aumentada.
¿Dónde han ido de repente mis antiguos poderes?

Esta noche alcancé a verla en la cancela
forcejeando con un monstruo nunca visto
que sacudía la cabeza. ¿Llegué demasiado tarde?
Los ojos de ella centelleaban y no pude seguir mirando.

¿Por qué habría de guardarme rencor? Nunca
le había mentido ni coartado su deseo,
rechazando plegarias que nunca pude olvidar,
robando hojas verdes para encender un fuego ajeno.

En la cancela (1974)

CRUCIBLES OF LOVE

From where do poems come?
From workshops of the mind,
As do destructive armaments,
Philosophic calculations,
Schemes for man's betterment?

Or are poems born simply
From crucibles of love?
May not you and I together
Engrossed with each other
Assess their longevity?

For who else can judge merits
Or define demerits –
This remains a task for lovers
Held fast in love together
And for no others.

Collected Poems, 1975 (1975)

CRISOLES DE AMOR

¿De dónde vienen los poemas?
¿De talleres de la mente,
como los armamentos destructivos,
los cálculos filosóficos,
los planes para el bienestar del hombre?

¿O simplemente nacen los poemas
de crisoles de amor?
¿No podemos tú y yo, juntos,
aumentados el uno con el otro,
comprobar su longevidad?

Pues quién, si no, puede juzgar los méritos
o definir los deméritos;
esto corresponde a los amantes
juntos, apretados en el amor,
y a nadie más.

Poemas reunidos, 1975 (1975)

THE UNPENNED POEM

SHOULD I wander with no frown, these idle days,
My dark hair trespassing on its pale brow –
If so, without companionship or praise,
Must I revisit marshes where frogs croak
Like me, mimicking penitential ways?

Are you still anchored to my slow, warm heart
After long years of drawing nightly nearer
And visiting our haunted room, timely
Ruffling its corners with love's hidden mop?
And still must we not part?

What is a poem if as yet unpenned
Though truthful and emancipated still
From what may never yet appear,
From the flowery riches of still silent song,
From golden hours of a wakeful Spring?

Approach me, Rhyme; advise me, Reason!
The wind blows gently from the mountain top.
Let me display three penetrative wounds
White and smooth in this wrinkled skin of mine,
Still unacknowledged by the flesh beneath.

A poem may be trapped here suddenly,
Thrusting its adder's head among the leaves,
Without reason or rhyme, dumb –

EL POEMA NO ESCRITO

Si paseo sin torcer el gesto, estos días inútiles,
mi pelo negro invadiendo su pálida frente,
entonces, sin compañía ni elogios,
¿debo volver a visitar los pantanos donde croan las ranas
como yo, imitando las costumbres penitenciales?

¿Estás aún anclada a mi lento y cálido corazón
después de largos años de acercarte más cada noche
y visitar nuestra habitación embrujada, alborotando
sus esquinas con la oculta fregona del amor?
¿Y aún no debemos separarnos?

¿Qué es un poema aún no escrito,
aunque verdadero y emancipado
de aquello que podría no aparecer nunca,
de las riquezas florales del canto silencioso,
de las horas doradas de una primavera en vela?

Acércate, Rima; ¡aconséjame, Razón!
El viento sopla suave de la cima.
Dejadme mostrar tres hondas heridas
blancas y tersas en esta arrugada piel mía,
aún no conocidas por la piel que hay debajo.

Un poema podría cazarse aquí de repente,
clavando su cabeza de víbora entre las hojas
sin razón y sin rima, mudo:

Or if not dumb, then with a single voice
Robbed of its chorus.

Here looms November. When last did I approach
Paper with ink, pen, and the half truth?
Advise me, Reason!

Collected Poems, 1975 (1975)

o si no mudo, con una voz única,
robado su estribillo.

Aquí llega noviembre. ¿Cuándo me acerqué por vez
[última
al papel con tinta, pluma y la media verdad?
¡Aconséjame, Razón!

Poemas reunidos, 1975 (1975)

THE GREEN WOODS OF UNREST

Let the weeks end as well they must
Not with clouds of scattered dust
But in pure certainty of sun –
And with gentle winds outrun
By the love that we contest
In these green woods of unrest.
You, love, are beauty's self indeed,
Never the harsh pride of need.

Collected Poems, 1975 (1975)

LOS VERDES BOSQUES DE LA INQUIETUD

Que acaben las semanas como deben,
no con nubes de polvo esparcido
sino en la pura certeza del sol,
y con suaves vientos a los que deja atrás
el amor que disputamos
en estos verdes bosques de la inquietud.
Tú, amor, eres la propia belleza,
nunca el duro orgullo de la necesidad.

Poemas reunidos, 1975 (1975)

ÍNDICE

Introducción . . . .)7(

POEMAS

The Morning before the Battle . . . .)16(
La mañana anterior a la batalla . . . .)17(
Over the Brazier . . . .)18(
Junto a las brasas . . . .)19(
The Legion . . . .)22(
La legión . . . .)23(
A Boy in Church . . . .)24(
Un niño en misa . . . .)25(
Lost love . . . .)28(
El amor perdido . . . .)29(
Rocky acres . . . .)30(
Acres rocosos . . . .)31(
The Pier-Glass . . . .)34(
Espejo de cuerpo entero . . . .)35(
Full moon . . . .)38(
Luna llena . . . .)39(
Love without hope . . . .)42(
Amor sin esperanza . . . .)43(

The Cool Web	)44(
La red fría	)45(
In Broken Images	)46(
Con ideas inconexas	)47(
A Former Attachment	)48(
Una relación anterior	)49(
The Castle	)50(
El castillo	)51(
Welsh Incident	)52(
Un incidente galés	)53(
On Rising Early	)56(
Levantarse temprano	)57(
On Portents	)58(
De portentos	)59(
The Bards	)60(
Los bardos	)61(
The Cuirassiers of the Frontier	)62(
Los coraceros de la frontera	)63(
Variables of Green	)66(
Variantes del verde	)67(
At First Sight	)68(
A primera vista	)69(
Like Snow	)70(
Como nieve	)71(
The Climate of Thought	)72(
El clima del pensamiento	)73(
The Moon Ends in Nightmare	)74(
La luna acaba en pesadilla	)75(
Dawn Bombardment	)76(
Bombardeo al amanecer	)77(

Language of the Seasons	) 78 (
El lenguaje de las estaciones	) 79 (
Mid-Winter Waking	) 80 (
Despertar en pleno invierno	) 81 (
The Beach	) 82 (
La playa	) 83 (
The Door	) 84 (
La puerta	) 85 (
Under the Pot	) 86 (
Bajo el caldero	) 87 (
Through Nightmare	) 88 (
En una pesadilla	) 89 (
She Tells Her Love While Half Asleep	) 90 (
Ella dice su amor medio dormida	) 91 (
To Juan at the Winter Solstice	) 92 (
A Juan en el solsticio de invierno	) 93 (
The White Goddess	) 96 (
La diosa blanca	) 97 (
Counting the Beats	) 98 (
Contando los latidos	) 99 (
The Portrait	) 102 (
El retrato	) 103 (
Rhea	) 104 (
Rea	) 105 (
The Face in the Mirror	) 106 (
El rostro en el espejo	) 107 (
Symtoms of Love	) 108 (
Síntomas del amor	) 109 (

The secret land	) 110 (
El país secreto	) 111 (
Seldom yet now	) 114 (
Rara vez, mas ahora	) 115 (
At best, poets	) 116 (
En el mejor caso, poetas	) 117 (
Man does, woman is	) 118 (
El hombre hace, la mujer es	) 119 (
The three-faced	) 120 (
La de las tres caras	) 121 (
I will write	) 122 (
Escribiré	) 123 (
Not to sleep	) 124 (
No dormir	) 125 (
Arrears of moonlight	) 126 (
Atrasos de luz de luna	) 127 (
The gorge	) 128 (
El barranco	) 129 (
On giving	) 130 (
A propósito de dar	) 131 (
Like owls	) 132 (
Como lechuzas	) 133 (
A bracelet	) 134 (
Una pulsera	) 135 (
Hooded flame	) 136 (
Llama embozada	) 137 (
Dew-drop and diamond	) 138 (
La gota de rocío y el diamante	) 139 (
All except Hannibal	) 140 (
Todos menos Aníbal	) 141 (

She to him . . . .) 142 (

Ella a él . . . .) 143 (

The narrow sea . . . .) 144 (

El mar estrecho . . . .) 145 (

The olive-yard . . . .) 146 (

El olivar . . . .) 147 (

Arrow on the vane . . . .) 148 (

La flecha en la veleta . . . .) 149 (

With a gift of rings . . . .) 150 (

Regalando unas sortijas . . . .) 151 (

Cliff and wave . . . .) 152 (

Acantilado y ola . . . .) 153 (

Her beauty . . . .) 154 (

Su belleza . . . .) 155 (

The title of poet . . . .) 156 (

El título de poeta . . . .) 157 (

The moon's last quarter . . . .) 158 (

El último cuarto de la luna . . . .) 159 (

At the gate . . . .) 160 (

En la cancela . . . .) 161 (

Crucibles of love . . . .) 162 (

Crisoles de amor . . . .) 163 (

The unpenned poem . . . .) 164 (

El poema no escrito . . . .) 165 (

The green woods of unrest . . . .) 168 (

Los verdes bosques de la inquietud . . . .) 169 (

ACABÓSE DE IMPRIMIR ESTE LIBRO
EL DÍA 25 DE ABRIL DE 2005, EN VALENCIA